УДК 681.81/.83
ББК 85.315.3
Ш62

Шиндина, Н. Г.

Ш62 Простой современный самоучитель игры на шестиструнной гитаре / Н. Г. Шиндина. — М. : РИПОЛ классик, 2009. — 256 с. : ил.

ISBN 978-5-386-00981-6

В данной книге представлены сведения по истории развития гитары и основные принципы современной техники игры на шестиструнной гитаре. Здесь также даны упражнения для развития навыков игры и тексты популярных современных исполнителей с обозначением соответствующих аккордов. Помимо этого, книга снабжена кратким словарем специфических музыкальных терминов. Надеемся, эта книга станет для вас хорошим учителем и помощником.

УДК 681.81/.83
ББК 85.315.3

ISBN 978-5-386-00981-6

Н. Г. Шиндина

ПРОСТОЙ СОВРЕМЕННЫЙ САМОУЧИТЕЛЬ ИГРЫ НА ШЕСТИСТРУННОЙ ГИТАРЕ

РИПОЛ
КЛАССИК
Москва, 2009

История появления гитары

«Фактически гитара — один из немногих малых инструментов (к ним можно причислить также клавесин и блок-флейту), которые не только сохранились, но и развиваются, растут. Сегодня она способна говорить современным языком, а наследие ее простирается от эпохи Ренессанса до наших дней. Мы поистине миллионеры, располагающие невиданным богатством репертуара, тембровых красок, выразительности! Многие инструменты обладают магией, но у многих ли есть такая история? У нас есть все!»

Лео Брауэр

Музыкальные инструменты, из которых звук извлекался посредством натянутой струны, появились давно. Их след обнаруживается еще в глубокой древности. Предполагается, что данный вид инструментов своим появлением обязан охотничьему луку. Звон туго натянутой тетивы при стрельбе, наверное, привлек к себе внимание древних романтиков. Однако подобный звук был очень слаб. Чтобы усилить его, понадобилось прикрепить резонатор, для чего, возможно, использовалась тыква или панцирь черепахи. Звук изменялся посредством разгибания и сгибания дуги лука.

Позднее на изогнутой дуге начали прикреплять несколько струн с разным натяжением и, соответственно, разным звучанием. Похожие по

форме музыкальные инструменты, а также те, у которых есть длинная шейка, но всего одна или две струны, до сих пор можно встретить у некоторых народностей Азии и Африки.

Со времени своего появления струнные инструменты постоянно совершенствовались. Создаются арфы и лиры, а за ними и смычковые инструменты. Самые древние упоминания о них встречаются в скульптурных композициях Месопотамии, возрастом примерно 4 тысячи лет. Эти инструменты имеют небольшой корпус и шейку с натянутыми поверх струнами. О том, что в этом регионе музыкальное искусство было хорошо развито, говорят найденные нотные записи, сделанные с помощью клинописи, использовавшейся в то время для письма. Эти музыкальные записи являются древнейшими в мире и относятся к 3-му тысячелетию до н. э.

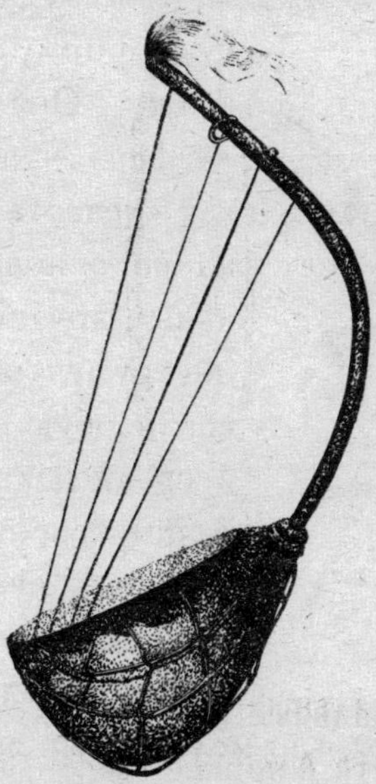

В древних египетских памятниках также встречаются изображения струнных музыкальных инструментов. Они назывались «набла» и записывались иероглифом, обозначающим «добро». В то время музыкальная культура в Египте была довольно хорошо развита, хотя записи музыкальных произведений не сохранились до наших дней. Но, возможно, в то время их еще и не умели записывать. Однако известно, что во время управления хоровым пением применялась специальная система движений руками. Каждое движение обозначало определенное звучание голоса.

Помимо наблов, в Древнем Египте использовались такие инструменты, как арфа, лютня и флейта. Египетская лютня имела продолговатую форму и длинную шейку. Она называлась «нефер», что переводится как «красота». Возможно, на ее основе были созданы другие щипковые инструменты, приобретшие особую популярность в средневековой Европе. Арфы красочно расписывались и, очевидно, были очень популярны в древних ансамблях. У этого инструмента нежный, мелодичный звук, получаемый благодаря струнам из пальмового волокна. Поскольку пение в древности было связано в основном с религиозными ритуалами, а жрецы, как известно, занимали высокое положение в египетском обществе, то нетрудно представить, какой важный статус имели певцы и музыканты, снискавшие популярность и славу своим умением.

В более позднем периоде египетской истории музыкальные инструменты претерпели значительные изменения, с одной стороны, благодаря стремлению усовершенствовать звучание струн и сделать инструмент более удобным, а с другой — благодаря влиянию различных культур, которые в результате завоевательной политики Египта часто ассимилировались в этой стране. Например, арфы стали крупнее, поскольку увеличился размер резонатора, а также количество струн. Впрочем, наряду с большими появились и уменьшенные арфы, а также средние с подставкой. В это же время появилась цитра, привезенная скорее всего из Азии. Следом — азиатская лютня, представлявшая собой удлиненную коробку с натянутыми шестью или восемью струнами. Она имела подобие грифа, на котором регулировалось натяжение струн.

Приблизительно во 2-м тысячелетии до н. э. в Сирии, находящейся на Ближнем Востоке, впервые была создана четырехзвучная система — тетрахорд, которая впоследствии будет использоваться греками и сохранится до Средневековья. Здесь же созданы 5- и 7-струнные лиры. Торговцы распространили достижения сирийской культуры по разным странам Европы, Азии и Африки.

Следующий вклад в развитие музыкального искусства внесла Индия. В этой стране были созданы свои собственные нотные обозначения, но, помимо самих нот, была разработана и система дополнительных знаков, обозначавших различные ритмы, интервалы и альтерации. Эта система используется до сих пор. Среди щипковых инструментов наиболее популярна была вина. Этот инструмент имеет два резонатора. Один находится у основания, а другой — возле грифа. Позднее на его основе был создан ситар.

В Греции среди щипковых струнных инструментов популярны были лира и кифара. Последняя имела плоский корпус и при игре прижималась правой рукой к телу, в то время как пальцы левой руки музыканта перебирали струны.

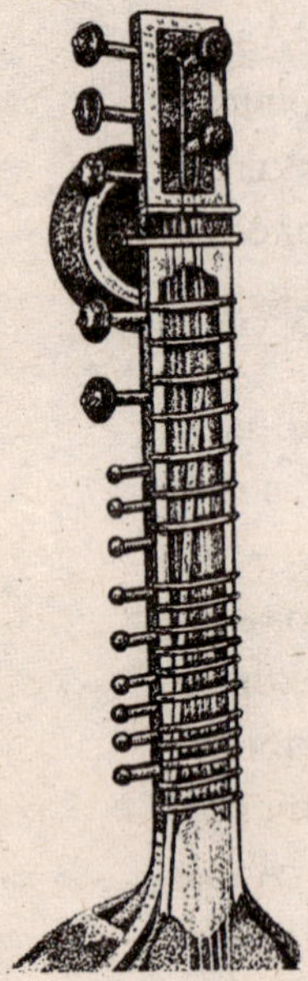

Музыкальная культура восточных стран оказала большое влияние на развитие щипковых струнных инструментов. К III, IV векам н. э. в Китае создаются инструменты с усовершенствованным резонаторным корпусом, имеющим нижнюю и верхнюю деки, а также две соединительные обечайки. Это способствовало появлению инструментов, похожих на современную гитару. Они завоевывали большую популярность на Среднем Востоке, откуда впоследствии попали в Европу через Испанию, которая в средние века подверглась нашествию арабов.

Арабы, можно сказать, впитали в себя многие достижения различных культур завоеванных ими народов Европы, Азии и Африки. В том числе они переняли богатейшее наследие музыкального искусства Востока. На основе полученных знаний арабы развили свою собственную, отличную от всех, музыкальную культуру. Особенного мастерства они достигали в игре на струнных инструментах — таких, как танбур, цитра и аль-уд (арабская лютня).

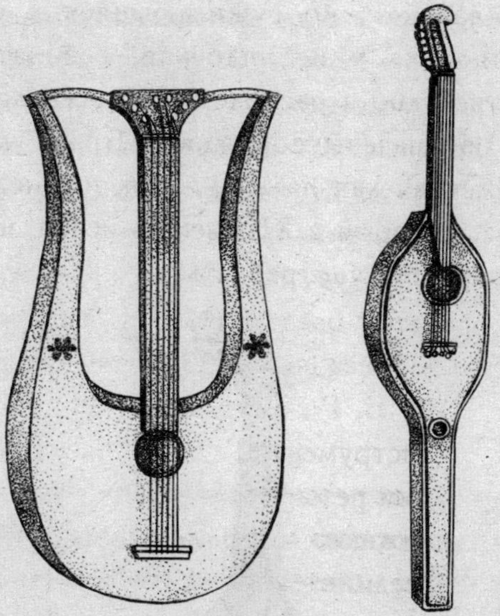

Эти инструменты имели уже 17-ступенчатый строй. Особенно популярным был аль-уд. Он пришелся по вкусу и испанским вельможам, от которых впоследствии этот инструмент распространился по всей Европе, получив новое название «ла-уд». С тех пор ла-уд претерпел некоторые изменения и усовершенствования. Арабы называли европейскую лютню «китара». Это название прочно утвердилось. От него и произошло слово «гитара».

С XIII века в европейской архитектуре начинают встречаться изображения двух видов 4-струнных гитар — мавританской и латинской.

Мавританская гитара имела овальную форму, выпуклую нижнюю деку и несколько резонаторных отверстий. Латинская гитара по форме тоже овальная, но суживающаяся к грифу. Нижняя дека у нее плоская, резонаторное отверстие одно и расположено посередине, на грифе обозначены порожки. Играли на этих инструментах как пальцами, так и с помощью плектра, который с XIII века в использовании гитар перестал употребляться.

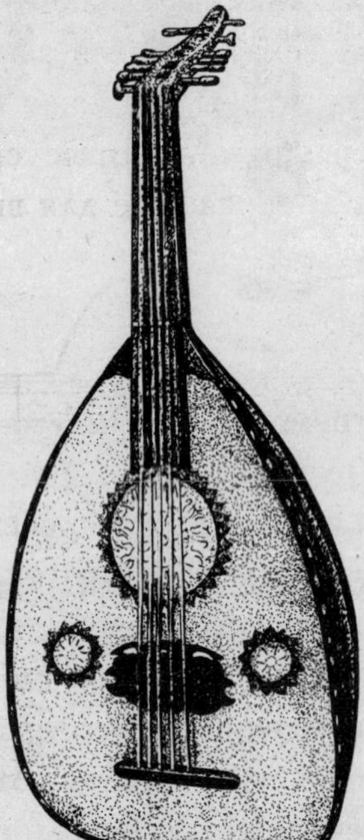

В XV веке на гитарах добавляется пятая струна. Такой вид инструментов получил название испанской гитары. Впрочем, в самой

Испании в это время становится популярной виуэла — щипковый инструмент, более похожий на современную гитару, поскольку имел пять сдвоенных струн и шестую одинарную, используемую для исполнения мелодий. Этот инструмент произошел от смычковой виуэлы, однако в XV веке он уже становится полностью щипковым. В прошлом веке в связи с реконструкцией этого древнего инструмента появился большой интерес к нему. Заслуга в этом принадлежит Эмилио Пухолю — знаменитому гитаристу XX века, который занимался историей развития гитары. Он даже включил в гитарный репертуар некоторые средневековые произведения, написанные для виуэлы.

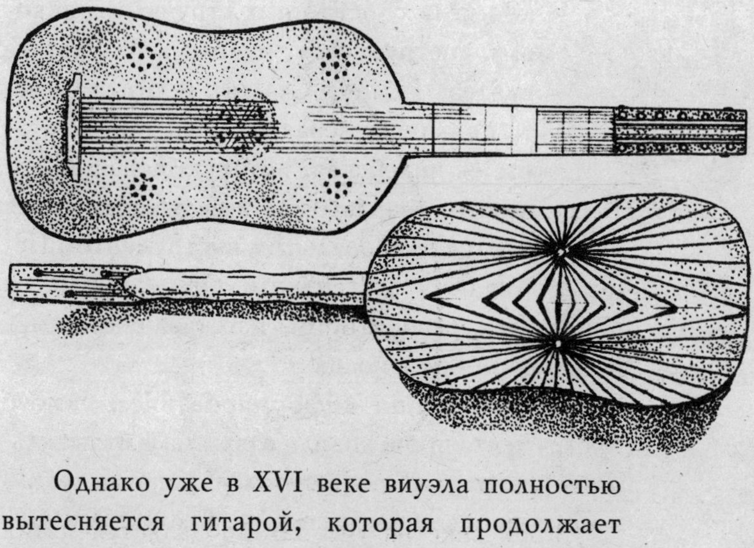

Однако уже в XVI веке виуэла полностью вытесняется гитарой, которая продолжает совершенствоваться и, возможно, для этого коечто берет от виуэлы. В XVII веке к гитаре добавляется шестая струна. А в следующем столетии двойные струны заменяются одинарными. Примерно в это же время гитара приобретает

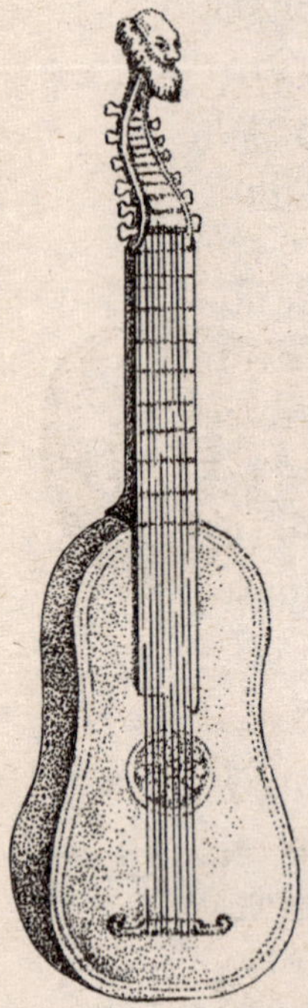

современный вид. До XVIII века размеры инструмента были меньше, изящнее, а корпус делался более вытянутым и узким. В XVIII столетии существенно изменяются пропорции гитары, а ее внешний вид становится более простым. К XIX веку определяется окончательная форма инструмента и нотный строй шести струн: ми, си, соль, ре, ля и ми.

Из Европы гитара была завезена в Америку, где также приобрела широкую популярность. Аборигены Америки не имели собственных струнных щипковых инструментов, однако в результате синтеза культур Старого и Нового Света появилась новая разновидность гитары — индейская, которую испанцы называли «чаранго», а в настоящее время она считается национальным инструментом Перу, Боливии и Аргентины. Она отличается небольшим резонатором, изготавливающимся из панциря броненосца.

Одновременно с формированием самого инструмента происходило развитие и музыкального репертуара, появлялись различные технические школы игры на гитаре. В конце XVIII— в начале XIX веков в Испании прославились такие композиторы и мастера игры на гитаре, как Ф. Сор и Д. Агуадо, а в Италии — М. Джулиани, Л. Лениани, Ф. Карулли и М. Каркасси. Они внесли существенный вклад в развитие искусства игры на гитаре. Создаются музыкальные произведения для этого инструмента. Репертуар все больше расширяется, включая в себя произведения от маленьких пьес до концертов с оркестрами.

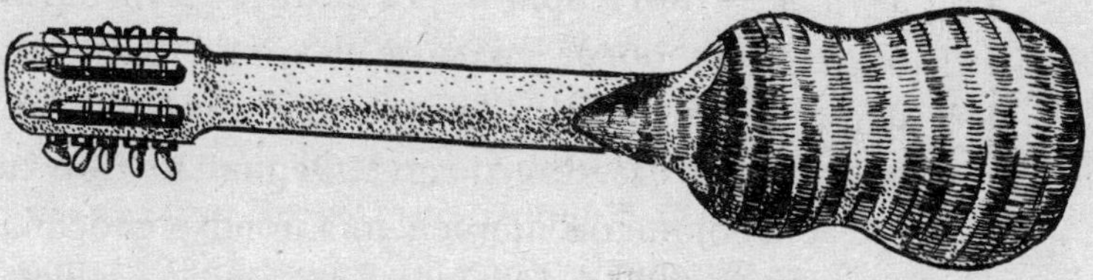

Дионисио Агуадо родился в Мадриде. Играть на гитаре он научился у священника, когда учился в церковном колледже. В 1824 году он создает «Сборник этюдов для гитары», который в следующем году выходит под названием «Школа игры на гитаре». В 1825 году Агуадо уезжает в Париж. Здесь он знакомится со многими известными композиторами и музыкантами того времени — такими, как Паганини, Россини, Беллини. Его виртуозная игра на гитаре приносит музыканту славу. Агуадо начинает ездить с концертами по всей Европе, у него появляются ученики. В 1838 году он возвращается в Мадрид и посвящает все свое время педагогической деятельности.

Дионисио Агуадо считается признанным мастером игры на шестиструнной гитаре. Хотя в качестве композитора он не приобрел большой славы, но его «Школа игры на гитаре» является весьма значительным вкладом в становление техники игры. В этом литературном произведении гитара представлена как инструмент, несущий в себе огромный потенциал, пока еще полностью не раскрытый. Кроме того, Агуадо ввел новый способ извлечения звуков — ногтевой, в результате чего звуки получались более сильные и яркие. Впрочем, не все современники Агуадо принимали это нововведение. Даже его друг Фернандо Сор не был сторонником применения нового способа, он терпеливо относился к его использованию только благодаря великолепному исполнению самого Агуадо. Небольшие пьесы музыканта были ценны тем, что помогали внедрению в музыкальное творчество прогрессивной для того времени техники.

Фернандо Сор — великий композитор и виртуозный исполнитель игры на гитаре. Во всей Европе очень популярны были его оперы и балеты. Он выступал как сольно, так и в симфонических концертах. Он создал свою школу игры на гитаре, до сих пор пользующуюся популярностью у музыкантов и педагогов. Произведения Сора очень выразительны и изящны и в то же время довольно просты. Его необыкновенный талант как исполнителя, так и создателя музыки оказал значительное влияние на дальнейшее развитие гитарного искусства.

Родился Фернандо Сор в Барселоне в семье купца. Сначала сам отец учил играть его на гитаре. Затем мальчик продолжил свое музыкальное образование в школе при католическом монастыре. Эта школа славилась очень глубоким изучением музыкального искусства. Многие выдающие композиторы и музыканты вышли из стен этой школы. Здесь Сор освоил азы игры на органе, скрипке и виолончели. Однако основные усилия он по-прежнему уделял совершенствованию игры на гитаре.

В 1798 году Фернандо Сора приглашают на должность композитора и гитариста при дворе герцогини Альба. В 1813 году он уезжает в Париж, где начинает выступать на концертах, показывая большое мастерство, и занимается с учениками. В 1815 году Сор дает концерты в Англии, где до этого гитара была менее популярна. В 1817 году он исполняет собственную симфонию, написанную для гитары и струнных инструментов. Англичане встречали его с восторгом.

После Англии Сор предпринимает концертное турне по странам Европы. И везде его выступления проходят с большим успехом. В 1824 году он отправляется в Россию вместе со своей женой, известной балериной, и проводит в Москве несколько лет. Здесь на сцене Большого театра под музыку Сора была поставлена опера «Телемах» и такие балеты, как «Золушка», «Лубочник в роли живописца», «Геркулес и Омфала». Помимо этого, он выступает на сценах Москвы и Петербурга с сольными гитарными концертами. Позже им написано произведение для двух гитар «Воспоминание о России», в которое тонко вплетены русские народные мотивы.

В 1826 году Сор возвращается в Париж. На следующий год из печати выходит знаменитый «Трактат о гитаре», в котором великий музыкант представляет все технические тонкости игры на гитаре. Работа вскоре приобрела популярность не только в Европе, но также в Англии и России. Глубина исполнения Сором музыкальных произведений и высокая техника завоевали восторг и почитание публики. Ему принадлежат такие технические нововведения, как более широкое использование приема баррэ и новая постановка левой руки. Эти приемы используются и сегодня всеми гитаристами.

Игра на гитаре сводит Фернандо Сора с Дионисио Агуадо, после чего они становятся хорошими друзьями и часто выступают на концертах дуэтом. Однако Сор не признавал введенный его другом ногтевой способ извлечения звука при игре на гитаре. Он считал, что более мягкий способ игры с помощью подушечек пальцев является более выразительным. Произведения Сора действительно отличаются глубокой художественной выразительностью, которая выделяла их среди произведений других авторов того времени. Они заняли прочное место в репертуаре гитаристов. А его «Школа игры на гитаре» более глубоко раскрыла возможности этого инструмента. В Италии основоположником школы игры на гитаре стал Мауро Джулиани. Он самостоятельно научился играть на гитаре и к 20 годам стал уже виртуозом игры. Помимо гитары, Джулиани так же блестяще владел и скрипкой. Его музыкальные способности высоко ценил Бетховен. Джулиани был прекрасным композитором, его произведения до сих пор исполняются прославленными гитаристами. Литературные пособия, написанные этим великим музыкантом, очень ценятся современными педагогами.

Стоит отметить, что заметный вклад в искусство игры на гитаре внес великий скрипач Никколо Паганини, который так же мастерски играл и на гитаре. Владея обоими инструментами, он перенес некоторые приемы из одного вида в другой. Так, например, в игру на скрипке он ввел гитарные приемы техники пиццикато и двойных флажолетов, а также связанную игру аккордами. В течение своей жизни Паганини написал множество пьес для гитары, а также дуэтов для гитары и скрипки, трио и квартетов, в которых оба инструмента, гитара и скрипка, выступали на равных.

О том, что гитара в XIX веке была очень популярна в музыкальной среде, говорит участие в написании произведений для гитары таких известных композиторов того времени, как Ф. Шуберт, К. Вебер, Р. Крейцер, А. Диабелли, Л. Шпор, И. Гуммель и др.

Во второй половине XIX века в истории гитары появляется новое яркое имя — Франциско Тарреги. Этот великий композитор и гитарист родился в Испании. Его интересу к гитаре способствовали выступления уличных музыкантов-гитаристов. Тарреги учится музыке у Аркаса, великолепного гитариста того времени. Позже он поступает в консерваторию по классу фортепиано. Однако любовь к гитаре побуждает его продолжать заниматься на этом инструменте и добиться значительных успехов. Первый свой концерт в театре Альгамбры Тарреги дает не на рояле, а на гитаре. Это выступление прошло с большим успехом, и в дальнейшем музыкант решил всю свою жизнь посвятить исполнению музыкальных произведений на гитаре. Его вдохновенная игра оказала влияние на многих известных композиторов того времени, в произведениях которых появляются моменты, подражающие гитаре.

Однако Терегги обладал слабым здоровьем, что не позволяло ему часто давать концерты. Поэтому он начинает больше времени уделять педагогической деятельности. Он создал свою школу игры на гитаре. Среди его учеников были такие известные музыканты, как М. Льоберт, Э. Пухоль, Д. Прат, Д. Фортеа, И. Лелюп и др. Некоторые из них создали свои школы на основе принципов, преподаваемых Тарреги.

Эмилио Пухоль, знаменитый испанский гитарист, начал изучать музыку с 5 лет у руководителя деревенского оркестра. В дальнейшем он продолжает свое музыкальное образование в Муниципальной школе музыки в Барселоне. В 1897 году Пухоль начал учиться игре на бандурине и вскоре достиг таких успехов, что его приглашали играть в известных музыкальных коллективах того времени.

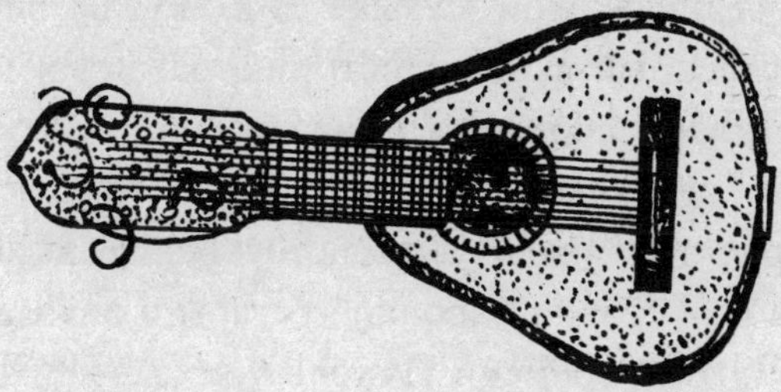

В 1901 году Пухоль поступает учиться в консерваторию. Его преподавателем в это время становится Франсиско Тарреги — известный музыкант и педагог. В 1909 году Пухоль выступает в Мадриде перед королевской семьей. С 1912 года он начинает выступать в странах Западной Европы. В 1918 году Пухоль отправляется с концертами в Южную Америку. В 1923 году он женится и некоторое время посвящает исследованию истории появления гитары. Итогом его трудов этого периода стала большая статья, появившаяся во французской музыкальной энциклопедии, рассказывающая об истории развития шестиструнной гитары. В дальнейшем Пухоль, наряду с концертами, продолжал свои исторические исследования средневекового искусства.

Это заметно отражалось на его творчестве. В концертные программы Пухоля начали включаться произведения гитаристов эпохи барокко, а также поясняющие лекции. В своих выступлениях музыкант использовал не только гитару, но и виуэлу — инструмент XVI века.

Исторические исследования Пухоля в области средневековой музыки для виуэлы внесли существенный вклад в историю развития гитары. Нотные сборники произведений эпохи барокко, переведенные для гитары, обрели популярность у многих гитаристов. Вскоре выходит книга по истории барочной гитары и виуэлы.

К этому времени Пухоль уже славился как виртуозный музыкант и хороший педагог. Он готовит к изданию учебник игры на гитаре, в котором во многом придерживается системы обучения своего учителя Тарреги. В 1946 году он открывает класс гитары при консерватории в Лиссабоне. В 1965 году организовывает международный курс гитары, лютни и виуэлы. Этот курс стал очень популярным. Каждый год проводились конкурсы музыкального мастерства.

Основной труд Эмилио Пухоля «Рациональная школа игры на гитаре» внес существенный вклад в совершенствование гитарного искусства. В нем подробно описаны все основные принципы игры на гитаре. Книгой можно пользоваться как учебником и как самоучителем.

Эмиль Пухоль известен во всем мире и как замечательный композитор. Он опубликовал много собственных музыкальных произведений для гитары, а также обработки и аранжировки известных произведений других композиторов. Кроме того, весьма ценным вкладом в мировую культуру являются его исторические работы.

В начале XX века гитара была популярна, но считалась инструментом ограниченных возможностей. Андрес Сеговия смог изменить сложившееся мнение, выступив на своих концертах с высокохудожественным репертуаром, тем самым вознеся искусство игры на гитаре на новую высоту.

Андрес Сеговия, известный гитарист XX века, способствовал дальнейшему развитию игры на гитаре. С его именем также связано возрождение гитарного творчества в нашей стране, начавшееся после его концертов в СССР в 1936 году.

Сеговия родился в Испании. Любовь к гитаре у него появилась еще в детстве. Играть же он научился сам. Сеговия самостоятельно постигал не только музыкальное искусство, но также изучал соответствующую литературу по истории искусства. К 14 годам его техника достигла высокого мастерства, что дало возможность Сеговии дать свой первый концерт в Гранаде, после чего он выступил и в других испанских городах. С этого времени в жизни Сеговии начинаются постоянные гастроли и выступления.

В 1922 году он посещает с гастролями Южную Америку, где имеет огромный успех.

В 1924 году состоялся концерт Сеговии в Париже, окончательно закрепивший его авторитет в европейской музыкальной среде. Его начинают приглашать во все столицы Европы. В 1926–1927 годах музыкант посещает Советский Союз, в 1929 гастролирует в США, затем дает концерты в странах Дальнего Востока.

За свою жизнь Сеговия посетил около 70 стран мира. И всегда критики отмечали его блестящую игру, открывающую новый взгляд на гитару. Он фактически опроверг мнение об этом инструменте, как о бедном возможностями по сравнению с другими инструментами — такими, как скрипка или фортепиано. Виртуозность музыканта проявлялась не только в технике, но и в сложности и серьезности исполняемых произведений. Его игра побудила многих композиторов начать создавать для гитары музыку высокого художественного уровня.

Советский академик и выдающийся композитор Б. В. Асафьев после концертов Сеговии в Москве написал следующие строки:

«Слушать его — своеобразное наслаждение; благородство звука, ритм, интенсивнейшая сдержанность исполнения, исключительная четкость и чистота интонаций (флажолеты просто изумляют!), безупречность вкуса, утонченное, не показное мастерство и, конечно, сказочное богатство динамических и колористических оттенков — вот что особенно и главным образом привлекает в феерической игре Сеговии, в игре столь необычной у нас, где искусство это так опошлилось. Сеговия ни на один момент не упускает из виду пластики формы: он красиво и последовательно подчеркивает конструктивные детали, блестяще расцвечивает основную мелодическую линию пышными узорами или развивает ее хрупким, как утонченная резьба, орнаментом. А за всеми этими качествами виртуоза пламенится глубокое чувство, согревающее звук (золотистый, сочный и нежный...) и жизненно его ритмующее».

В 1936 году Сеговия еще раз посетил СССР. Он играл произведения Сора, Джулиани и современных испанских композиторов, вдохновленных его великолепной игрой на гитаре, а также транскрипции Шуберта, Чайковского и Гайда. Музыкант встречался с советскими гитаристами и делился с ними советами по улучшению техники игры. Вообще в России интерес к гитаре возник не очень давно. Фактически до XVIII века она почти не была известна. Популярность гитара начала приобретать после гастрольных выступлений зарубежных исполнителей, виртуозно игравших на этом инструменте — таких, как Сор и Джулиани. Постепенно гитара завоевывает симпатии, и в начале XIX века в России появляются свои музыканты — Соколовский, Макаров и др., которые успешно выступают не только на родине, но и в других странах.

Во многих произведениях великих русских композиторов чувствуется влияние гитарной музыки. М. Глинка, к примеру, написал несколько своих великих произведений для симфонического оркестра под впечатлением от игры на гитаре Феликса Кастильо, которую он слышал во время путешествия по Испании.

В начале XX века в России становятся модными романсы, исполняемые под гитару. Появилось множество гитаристов-любителей. Незаметно гитара приобрела репутацию мещанского инструмента, из-за чего большинство композиторов относилось к ней с пренебрежением. М. Д. Соколовскому — гитаристу с мировым именем, признанному мастеру игры на гитаре — в России не разрешили открыть свой класс при консерватории. Н. П. Макаров — тоже блестящий исполнитель гитарных произведений — пытался организовать Всероссийский конкурс, чтобы выявить хороших музыкантов и побудить российских композиторов писать для гитары серьезные произведения. Однако осуществить этот замысел музыканту так и не удалось. Позже он смог устроить Международный конкурс в Брюсселе.

Выступления Сеговии в нашей стране дали толчок к более серьезным занятиям на гитаре. В 30-х годах XX века в Советском Союзе в музыкальных школах и училищах открылись классы по обучению игры на гитаре. В 1932 году начали преподавать игру на гитаре в консерваториях. На Всесоюзных музыкальных конкурсах гитаристы стали участвовать наравне с другими музыкантами. Однако во время Второй мировой войны преподавание в школах игры на гитаре было прекращено, а возобновились занятия только в 1952 году, и то сначала на вечерних музыкальных курсах и только потом в других музыкальных учреждениях. В 1960 году снова открывается класс гитары при консерваториях.

Среди российских мастеров гитарного искусства можно выделить А. М. Иванова-Крамского. Он был прекрасным музыкантом, известным не только в нашей стране, но и за рубежом. Он начал выступать с концертами с 1932 года. Его вклад в музыкальное творчество состоит в создании великолепных сольных репертуаров для гитары, в которые были включены произведения различных эпох и композиторов разных стран.

Помимо этого, Иванов-Крамской сам являлся автором многих музыкальных сочинений и обработок. Весьма плодотворной была и его педагогическая деятельность при консерватории и в Институте культуры. Он также выпустил «Школу игры на 6-струнной гитаре», которая стала хорошим подспорьем как для профессионалов, так и для любителей.

Критики отмечали виртуозную технику музыканта, а также эмоциональность его трактовки и богатство звука. Он удостоился многих наград за свое мастерство, в том числе и звания заслуженного артиста РСФСР.

В настоящее время искусство игры на гитаре продолжает развиваться и совершенствоваться. Многие современные композиторы пишут прекрасные сочинения для этого инструмента, а серьезные музыканты достигают высокого мастерства их исполнения. Гитару со всем правом можно назвать самым популярным инструментом нашего времени.

Необходимые сведения о гитаре

Шестиструнная гитара является одним из наиболее популярных музыкальных инструментов. Главными ее достоинствами являются широкие возможности в качестве аккомпанемента, состоящего преимущественно из чередования определенной последовательности аккордов, специфика звучания и относительная простота в обучении основным приемам игры.

Шесть струн гитары настраиваются по звучанию на определенные ноты: ми, си, соль, ре, ля, ми. Музыкальные произведения для гитары записываются в ключе соль нотами на одну октаву выше, чем соответствующее им звучание на инструменте.

Гитара имеет гриф, который разделен на 19 ладов с помощью порожков. Таким образом, звуковой диапазон гитары составляет всего 44 ноты, из которых на каждую струну приходится примерно по 20 нот. Звучание струн (особенно нейлоновых) похоже на звучание арфы.

Основным техническим приемом игры на гитаре является баррэ — когда указательным пальцем левой руки прижимаются несколько или все шесть струн на одном ладу. Этот прием помогает во время игры легко переходить в другую тональность. Помимо этого, на гитаре можно выводить мелодию одновременно с аккомпанементом, что тоже очень часто встречается в музыкальном искусстве. Используя другие известные приемы, можно добиваться поразительных результатов звучания этого необыкновенного инструмента.

Следует добавить, что игра на гитаре не ограничивается аккомпанементом. В ней заложены большие возможности для исполнения высокохудожественных произведений. Но, чтобы исполнять классическую музыку, следует хорошо ознакомиться как с самим инструментом, так и с разнообразными приемами игры на нем. Обучение игре на шестиструнной гитаре требует усердия и внимательности.

Хорошим результатам в этом кропотливом деле способствует и соответствие самого инструмента определенным требованиям. Хорошая гитара должна иметь плоский и широкий гриф, который крепко прикреплен к корпусу и достаточно устойчив. Струны должны располагаться не слишком высоко над ладами, так, чтобы они легко прижимались пальцами, не вызывая болезненных ощущений. Сам инструмент должен быть изготовлен из высококачественных материалов — таких, как красное дерево, клен или ель. Для хорошего звучания должны быть соблюдены все необходимые пропорции.

Наличие хорошего инструмента, а также желание учиться и усидчивость обязательно приведут к успеху.

Строение гитары

Основными частями гитары являются **корпус**, который иногда называют кузовом, и **гриф** (нем. Griff, букв. — «рукоятка», «захват»). Во время игры к грифу прижимаются струны, натянутые над ним, в результате чего изменяется высота звука, исходящего от вибрирующей части струны.

Корпус гитары составляют **верхняя и нижняя деки и обечайки**, то есть боковые части. Деки служат для обогащения тембра звучания инструмента, а также усиления и распространения звука. Они изготавливаются из специальной резонансной древесины.

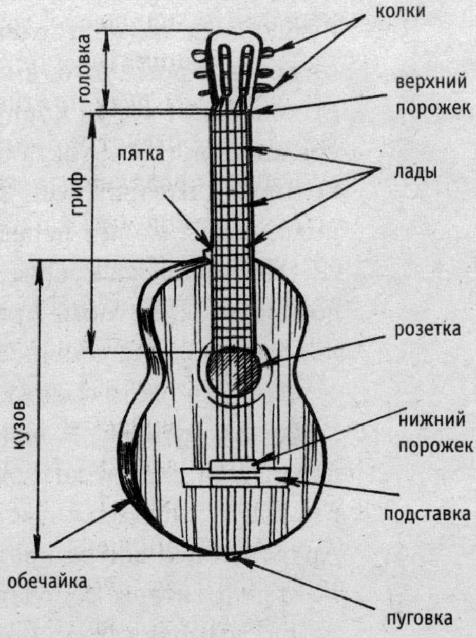

За звучание инструмента отвечает преимущественно верхняя дека. На ней, чуть выше центра, расположено круглое отверстие, которое называется **розеткой**, или голосником. Диаметр розетки составляет 8,5 см. У гитар, предназначенных для извлечения звука медиатором, вместо розетки имеется два отверстия в форме латинской буквы «f». В нижней, наиболее широкой части верхней деки на некотором отдалении от розетки крепится **подставка.** Она представляет собой прямоугольную пластинку (длиной 19–20 см и шириной 3 см) с небольшими отверстиями, предназначенными для закрепления одного из концов струн.

Также на подставке находится **нижний порожек**, поддерживающий струны в определенном положении (что необходимо для того, чтобы они возвышались над самой верхней декой и грифом, а не прилегали вплотную) и фиксирующий их на определенном расстоянии друг от друга. Кроме того, нижний порожек передает колебание струн корпусу в результате непосредственного контакта с верхней декой. На некоторых гитарах он располагается не на подставке и может передвигаться.

Нижняя дека крепится к верхней посредством обечаек, которые представляют собой одинаковые полосы шириной 9–10 см.

На обечайке в конце корпуса имеется так называемая **пуговка.** К ней крепится один конец шнура или ремня, который перекидывается через плечо и поддерживает гитару при игре стоя. Другой конец шнура крепится к головке грифа.

Гриф гитары состоит из **головки, шейки** и **пятки,** которая также называется килем, или коленом. К корпусу гитары гриф крепится в области пятки грифа посредством винта, с помощью которого изменяется расположение самого грифа и варьируется высота струн над ним.

Верхняя часть — головка грифа — слегка расширена, отклонена назад и имеет два продольных отверстия, в каждом из которых располагается по три **колка**, снабженных винтовым механизмом для закрепления и натягивания струн. Плоские ушки с внешней стороны служат для вращения цилиндрических валиков, на которые накручиваются струны. Посредством вращения ушка регулируется сила натяжения струны. В месте крепления головки располагается **верхний порожек**, который, так же как и нижний, поддерживает струны на определенной высоте над грифом.

Длина шейки грифа составляет 32,5 см, ширина — 5–6 см, а толщина — 2,3 см. Верхняя часть грифа покрыта плоской пластиной, снабженной 19 металлическими порожками, разграничивающими лады. Отсчет ладов ведется от головки грифа. Гриф с выпуклой поверхностью со стороны ладов предназначен для извлечения звуков медиатором. На V, VII и XII ладах находятся ориентировочные знаки, как правило кружки. Задняя часть грифа имеет слегка округлую форму.

Качество звучания

Возможно, для начинающего гитариста качество звучания не так важно, но инструмент с явными дефектами может создать определенные трудности при обучении и повлиять на дальнейшее представление исполнителя об инструменте.

Помимо размера корпуса гитары, от которого зависит мощность звучания (чем больше корпус, тем мощнее звук), также большую роль играют вес и форма инструмента, правильность пропорций, сила натяжения струн, качество ладов, надежность крепления всех деталей и даже порода древесины.

Металлические порожки, разграничивающие лады, должны располагаться строго параллельно, иметь одинаковую высоту и отстоять друг от друга на определенном расстоянии таким образом, чтобы в результате прижатия струны на каждом последующем ладу звук становился на полтона выше. Высота порожков над поверхностью грифа должна быть оптимальной для извлечения чистого звука, то есть струны не должны задевать за них.

Если струны располагаются слишком близко к грифу, то при защипывании их правой рукой они издают дребезжащие звуки. Если струны слишком отдалены от грифа, то требуется больше усилий для прижимания их к ладам, в результате чего быстро утомляется левая рука. Оптимальное расположение струн над грифом определяется расстоянием между ними и металлическим порожком XII лада. Оно должно составлять 2,5–3 мм для металлических струн и 3–4 мм для нейлоновых. Изменять расстояние можно углом наклона грифа с помощью вращения винта в пятке грифа специальным гитарным ключом.

Немаловажное значение для звучания имеют сами струны. Они бывают нейлоновые и металлические. Нейлоновые струны обладают довольно чистым звучанием и мягким тембром. Они эластичны и имеют меньшее натяжение, чем металлические, что значительно облегчает игру на гитаре, особенно на начальном этапе обучения. Обычно первые три струны полностью нейлоновые, а 4-я, 5-я и 6-я струны обмотаны тонкой металлической проволокой, называемой канителью.

Металлические струны изготавливаются полностью из металла. Они имеют характерный металлический призвук. Натяжение таких струн более напряженное, в результате чего прижимать их очень трудно, особенно при выполнении приема баррэ. Такое неудобство может вызвать трудности при усвоении некоторых приемов и совершенствовании техники игры на гитаре. Однако, если нет возможности приобрести нейлоновые струны, можно использовать металлические. Для того чтобы гитару можно было правильно настроить, струны должны иметь хорошо выверенное сечение. В том случае, если на протяжении всей длины струны ее сечение неодинаково, она будет фальшивить.

Самая тонкая струна дает наиболее высокий звук, а самая толстая — низкий. Высота звука зависит от длины струны, которая изменяется прижиманием струны к ладам, а также от силы натяжения, которая, в свою очередь, изменяется с помощью колков на головке грифа. Нельзя натягивать струны слишком сильно, иначе они могут порваться.

Важно помнить, что качество звучания любого инструмента заметно ухудшается, если его долго не используют. Для лучшего сохранения гитару следует беречь от воды, резких температурных перепадов, сильного холода или жары, сквозняков. Особенно чувствительны к жаре и холоду струны. Нельзя играть на гитаре влажными или жирными пальцами, струны время от времени необходимо протирать замшевой тряпочкой, а также следить за тем, чтобы инструмент был правильно настроен. Ни в коем случае нельзя допускать появления трещин на корпусе. Хранить гитару следует в футляре.

Музыкальные звуки

Музыкальный звук — наименьшая составляющая музыкального произведения. Музыкальные звуки имеют частотный диапазон от 16,35 (самый низкий звук) до 4185,6 (самый высокий звук) колебаний в секунду, более высокие звуки являются обертонами и шумовыми призвуками, от которых зависит тембр. Музыкальные звуки образуют музыкальную систему с характерными признаками высоты, громкости, длительности и тембра.

Отдельно взятые музыкальные звуки невыразительны, но, объединенные в музыкальную систему, они становятся очень яркими.

Высота звука, извлекаемого на гитаре, зависит от частоты колебаний струны. Чем больше число колебаний, тем выше звук. В каждом октавном промежутке применяется 12 разных по высоте звуков, отстоящих на полутон, среди которых есть и очень тихие, и очень громкие.

Сила (динамика) звука означает любые изменения в его музыкальном развитии, а также их отражение в восприятии. Динамика является одной из сторон организации музыки, как процесса, тесно связана с ее временной природой и характеризуется изменениями в громкости, плотности звучания и темпе. На силу звука влияет амплитуда колебаний: чем сильнее размах, тем громче звук. Определяется динамика действием различных свойств музыкального звука (к таким свойствам относятся высота, громкость, длительность и тембр) как по отдельности, так и в комплексе, плавностью или скачкообразностью, интенсивностью и частотой смен тех или иных параметров. Проявляется она в мелодии, гармонии (аккордовых связях и тональном развитии), в ритмике, темпе, фактуре и т. п., на разных уровнях становления музыкального целого (в отдельно взятом звуке, в мотиве, фразе, части, цикле). Хорошо разработана система обозначения динамических оттенков, которые будут рассмотрены позже.

Наиболее тщательному изучению подвергается громкостная динамика. Громкостная динамика имеет прямое отношение к интерпретации. Так, например, динамические указания композитора хотя и являются обязательными для исполнителя, но являются в основном только ориентиром, допускающим индивидуальную трактовку в широких пределах. В некоторых случаях динамические указания принадлежат вовсе не композиторам, а редакторам нотных изданий.

Существующая типология громкостной динамики имеет исторический характер, в ней отражены определенные этапы освоения средств музыкальной выразительности. Так, например, для музыки барокко присуща ступенчатая (плоскостная, или террасная) динамика, для музыки мангеймской школы — динамика постепенных переходов от forte к piano или наоборот. Некоторые вопросы динамики, отличающиеся специфичностью, рассматриваются в акустике, музыкальной психологии, инструментоведении (динамические характеристики музыкальных инструментов), теории инструментовки, истории оркестровых стилей.

Длительность звука представляет собой промежуток времени, в течение которого продолжаются колебания струны. Длительность музыкальных звуков колеблется от 0,015 секунд до нескольких минут. 1 : 2 является основным соотношением длительностей (так относятся друг к другу ноты 16-я и 8-я, 8-я и 4-я и т. п.). Менее распространенными являются соотношения 1 : 3; 1 : 5; 3 : 4; 2 : 3; 3 : 5. Реальное значение длительности зависит от темпа. Дробление нот, удлиняющие точки и лиги, триоли и т. д. создают множество длительностей, соотношения которых не могут точно восприниматься. При исполнении мелодий реальные соотношения длительностей отклоняются от указанных нотами.

Тембр, то есть окраска звука, определяется количеством и силой призвуков, сопутствующих любому звуку и благодаря которым различаются звуки одной высоты, издаваемые разными музыкальными инструментами. Характер тембра зависит от обертонов, сопровождающих звук, и их соотношения по высоте и громкости. В зависимости от ассоциаций, возникающих при восприятии того или иного тембра, — зрительных, вкусовых, осязательных — звуки бывают яркие и матовые, теплые и холодные, резкие и мягкие и т. п. Слуховые определения (звонкие и глухие) используются гораздо реже.

Область, в пределах которой музыкальный звук может отклоняться от нормы и при этом сохранять свое название и качество звучания, называется зоной. В пределах зоны звучание воспринимается как один и тот же звук, но с различными интонационными оттенками. Например, нота ля имеет частоту звучания 440 Гц, однако ее зона колеблется от 430 до 450 Гц — в пределах 1/8 тона в какую-либо сторону от нормы.

Звукоряд

Музыкальный звукоряд представляет собой расположение музыкальных звуков в определенном порядке. Всего музыкальных звуков насчитывается более 200. Для того чтобы легче было запомнить каждый из них, принято семь основных названий, которые периодически повторяются. Они являются основой музыкального звукоряда и представляют собой семь нот, каждая из которых имеет свое название: до, ре, ми, фа, соль, ля, си. Эти семь нот составляют октаву, что в переводе с латыни означает «восьмая», в составе которой они подразделяются на ступени: до — первая, ре — вторая, ми — третья, фа — четвертая, соль — пятая, ля — шестая, си — седьмая. Каждый восьмой звук сходен по звучанию первому, от него в том же порядке выстраивается следующая октава.

Весь музыкальный звукоряд разделен на несколько октав. Это необходимо для того, чтобы можно было различать сходные по звучанию, но различные по высоте звуки. Самые низкие звуки составляют субконтроктаву. За ней следует контроктава, затем идет большая октава, малая октава, первая, вторая, третья, четвертая и пятая октавы. Каждая из этих октав звукоряда начинается от звука до и заканчивается звуком си.

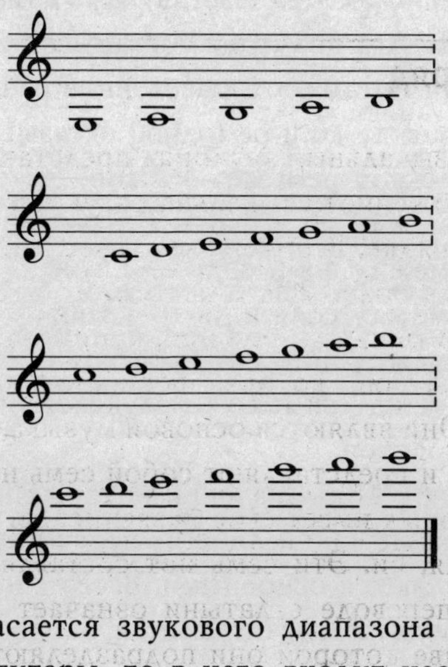

Что касается звукового диапазона шестиструнной гитары, то в него входит несколько октав. Основная разбивка идет от звука ми малой октавы до третьей октавы включительно. Использование флажолетов, о которых будет рассказано позднее, позволяет расширить диапазон до четвертой октавы.

Между основными ступенями октавы находятся еще пять звуков, которые являются производными от основных. Они обозначаются добавлением к основным звукам специальных знаков — знаков альтерации, о которых также будет рассказано ниже. Эти знаки обусловливают название производных звуков.

Таким образом, с учетом основных и производных звуков в октаве насчитывается 12 различных по высоте звуков. Расстояние между ближайшими соседними звуками измеряется **полутоном**. Два полутона составляют **тон**. Между разными нотами это расстояние различно:

— между до и ре (одной октавы) — 1 тон;

— между ре и ми — 1 тон;

— между ми и фа — 1 полутон;

— между фа и соль — 1 тон;

— между соль и ля — 1 тон;

— между ля и си — 1 тон;

— между си и до (следующей октавы) — 1 полутон.

Звуки, в обозначении которых присутствует название какой-либо из перечисленных семи нот, являются основными. Всего основных звуков в музыке насчитывается около 57. Основным тоном может быть также:

— нижний звук аккорда, который при обращении аккорда будет находиться в середине или вверху;

— первый частичный тон звука;

— первая ступень лада;

— первый по порядку тон натурального звукоряда.

Натуральным звукорядом называется 7-ступенный ряд (гамма), в котором интервалы между соседними ступенями составляют полутон или целый тон. Он может начинаться с любой ноты.

Звукоряд обычно октавен, но может быть и внеоктавным (обиходным). В отличие от натурального звукоряда, предполагающего эффект движения, обиходный звукоряд представляет собой лишь упорядоченный комплекс звуков.

Запись музыкальных звуков

Все музыкальные звуки имеют свое письменное обозначение. Специальными знаками — нотами — обозначаются высота и длительность звука.

Длительность определяется внешним видом самих нот, которые представляют собой овалы (головка ноты) и вертикальные палочки (штиль ноты).

Самый длинный звук обозначается полым овалом:

Звук в половину длины от предыдущего обозначается полым овалом со штилем:

Более короткие звуки обозначаются черным овалом со штилем:

Для различения длительности этих звуков к штилю добавляется хвостик, или флажок. Чем больше таких хвостиков, тем короче звук:

При группировке нот, обозначающих звуки одной длины, вместо хвостиков применяют горизонтальные линии, которые называются вязки, или ребра:

Высота звука определяется расположением ноты на нотном стане, или нотоносце. Он представляет собой пять параллельных горизонтальных линий. Счет ведется от нижней линии к верхней: чем выше звук, тем на более высокой линии записывается обозначающая его нота.

Ноты записываются:

— на линиях нотного стана:

— в промежутках между линиями:

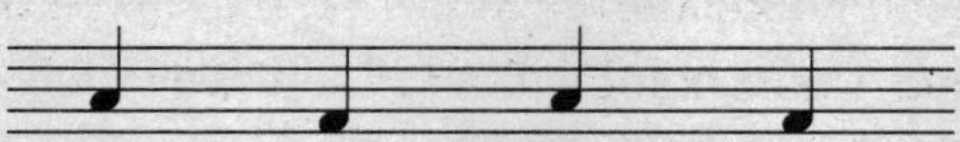

— под первой линией:

— над пятой линией:

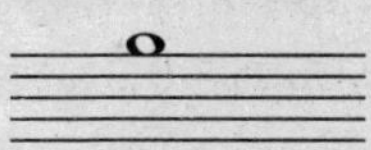

В тех случаях, когда необходимо записать ноту звуком выше или ниже тех, которые можно записать над пятой или под первой основными линиями нотного стана, рисуют специальные короткие линии для каждой такой ноты: верхние добавочные и нижние добавочные линии:

Нотные ключи

Поскольку всего основных октав девять, а на нотном стане можно уместить в лучшем случае чуть больше двух октав (без большого количества добавочных линий), для указания расположения на нотном стане ноты той или иной высоты используются специальные знаки, называемые ключами, которые ставятся в начале каждого нотного стана.

Всего существует два ключа: скрипичный и басовый.

Скрипичный ключ завитком охватывает вторую линию нотного стана, на которой располагается нота соль первой октавы, поэтому его часто называют «ключ соль». По положению этой ноты определяется нахождение других нот.

Именно скрипичный ключ используется при записи нот для шестиструнной гитары, что обусловлено самим диапазоном гитары, который охватывает малую, первую, вторую и третью октавы.

Завиток **басового ключа** начинается на четвертой линии нотного стана, на которой располагается нота фа малой октавы, поэтому он также называется «ключ фа».

Басовый ключ используется при записи нот для фортепиано, так как они записываются сразу на двух нотных станах: для правой (на верхнем нотоносце со скрипичным ключом) и для левой руки (на нижнем нотоносце с басовым ключом). Тем не менее умение читать ноты, записанные под басовым ключом, дает возможность самостоятельно перекладывать партии фортепиано под гитарные, а также проверять соответствие аккордов, записанных с фортепианной партии.

Для того чтобы уяснить соотношение между записью нот в скрипичном и басовом ключах, разберем систему записи на конкретном примере. Нота до первой октавы в скрипичном ключе записывается на первой добавочной линии, располагающейся под первой основной линией нотного стана. Та же самая нота до первой октавы в басовом ключе записывается на первой добавочной линии, располагающейся над пятой основной линией.

Как запомнить ноты

Для удобства запоминания прежде всего необходимо выучить названия нот, располагающихся на основных линиях нотного стана, то есть ноты ми, соль, си первой октавы и ре, фа второй октавы. Затем следует запомнить, какие ноты записываются между линиями: ре, фа, ля первой октавы и до, ми, соль второй октавы. После этого можно перейти к запоминанию нот, записываемых на добавочных линиях и между ними.

На первой добавочной, располагающейся под первой основной линией нотного стана, записывается нота до первой октавы, под ней — нота си малой октавы. На второй добавочной — нота ля малой октавы, под ней — нота соль малой октавы и т. д.

На первой добавочной, располагающейся над пятой основной линией нотного стана, записывается нота ля второй октавы, над ней — нота си второй октавы. На второй добавочной — нота до третьей октавы, над ней — нота ре третьей октавы и т. д.

Важно помнить о том, что ноты, записываемые на линиях одного нотоносца, относятся к разным октавам, и всегда четко представлять, какая октава располагается на том или ином промежутке нотного стана.

В любом случае при знании последовательности нот (до, ре, ми, фа, соль, ля, си) всегда можно определить положение той или иной ноты с помощью элементарного подсчета.

Длительность звуков

Под длительностью звука подразумевается условная единица его звучания. Как уже было сказано выше, при записи звуков различной длительности основным моментом является внешний вид самих нот, каждая из которых имеет свое название в зависимости от своей протяженности. Определение длительности ноты осуществляется либо дирижированием, либо отстукиванием, либо отсчитыванием.

Целая нота. Ее длительность составляет четыре условные единицы. При методе отсчитывания целая нота выдерживается на четыре счета: «раз, два, три, четыре». В записи целая нота выглядит как полый овал:

Половинная нота. Она вдвое короче целой ноты и выдерживается на два счета. Соответственно на счет «раз, два, три, четыре» приходится две половинных ноты. В записи она выглядит как полый овал со штилем:

Четвертная нота. Четвертная, в свою очередь, вдвое короче половинной. На счет «раз, два, три, четыре» приходится четыре четвертных, то есть именно эта нота соответствует одной условной единице времени звучания. В записи она выглядит как черный овал со штилем:

Восьмая нота. Ее длительность вдвое меньше четвертной, поэтому на счет «раз, два, три, четыре» приходится восемь нот. При записи на нотном стане восьмая изображается в виде черного овала со штилем, к которому добавляют хвостик (как уже говорилось, две и более идущих подряд восьмых нот объединяются под горизонтальной чертой — вязкой):

Шестнадцатая нота. Эта нота, в свою очередь, вдвое короче восьмой, то есть на счет «раз, два, три, четыре» приходится шестнадцать шестнадцатых нот. В записи шестнадцатая отличается от восьмой наличием не одного, а двух хвостиков у штиля (при объединении нескольких нот — наличием двойной вязки):

Также существуют тридцатьвторая и шестьдесятчетвертая ноты, которые тоже вдвое короче предыдущих. Соответственно, в записи к штилю тридцатьвторой ноты добавляется три хвостика, а к штилю шестьдесятчетвертой — четыре.

Также для чтения нот немаловажное значение имеет их последовательность. Ноты, записанные на нотном стане друг за другом, берутся последовательно. Ноты, записанные одна над другой, обозначают аккорд и берутся одновременно:

Паузы

Пауза представляет собой перерыв в звучании. Длительность паузы измеряется так же, как и длительность звуков. Соответственно, бывают целая пауза, половинная, четвертная и т. д. Каждая их них имеет свое начертание.

Целая пауза выглядит как черный прямоугольник, верхней стороной касающийся четвертой линии нотного стана. Она равна по длительности целой ноте.

Половинная пауза — черный прямоугольник, нижней стороной касающийся третьей линии нотного стана. Эта пауза равна по длительности половинной ноте.

Четвертная пауза напоминает символ, обозначающий параграф. Она равна по длительности четверти.

Восьмая пауза представляет собой наклоненную вправо палочку с хвостиком с левой стороны. Соответствует восьмой ноте.

Шестнадцатая пауза — наклоненная палочка с двумя хвостиками. Она по длительности соответствует шестнадцатой ноте.

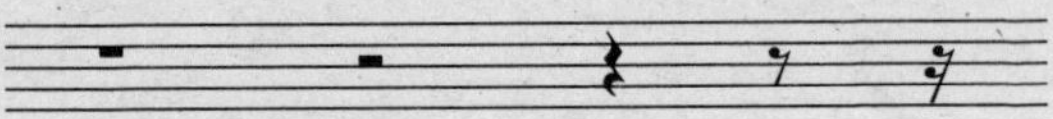

Целая, половинная, четвертная, восьмая и шестнадцатая паузы

Знаки альтерации

Знаки альтерации являются вспомогательными и позволяют определить изменение высоты звучания любой ноты, являющейся основной ступенью звукоряда. Всего таких знаков два, каждый из них обозначает изменение звучания ступени на полтона.

Диез — знак, обозначающий повышение ступени на полтона:

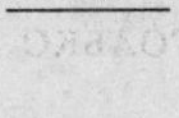

На грифе гитары полутону соответствует 1 лад. Поэтому повышение звука на полтона означает перемещение на 1 лад вправо.

Если требуется записать звук, звучащий на полтона выше, чем до, то есть располагающийся между до и ре, то перед до ставится диез, и этот звук получает название «до-диез». Звук на полтона выше ре (между ре и ми) будет называться «ре-диез» и т. д.

Бемоль — знак, обозначающий понижение ступени на полтона, при этом на грифе следует сделать перемещение на 1 лад влево:

Если требуется извлечь звук на полтона ниже ре (между до и ре), то в записи на нотном стане перед ре ставится бемоль и звук получает название «ре-бемоль». Если нужно записать звук ниже ми (между ре и ми), то он будет называться «ми-бемоль» и т. д.

Таким образом, пять звуков, располагающихся между основными ступенями звукоряда, получают свое название в зависимости от того, выше они или ниже той или иной ноты, и от того, какими знаками альтерации они обозначаются. Один и тот же звук может называться по-разному, например фа-диез и соль-бемоль, или ля-диез и си-бемоль. Это объясняется тем, что по правилам записи звуков в некоторых случаях можно писать только фа-диез, а не соль-бемоль, а в других наоборот. В том случае, если необходимо записать звук выше исходного на 2 полутона, то есть на целый тон, но по каким-то причинам нельзя записать его следующей ступенью, используется дубль-диез, то есть двойной диез. В этом случае до-дубль-диез по звучанию будет соответствовать звуку ре. Для обозначения звука на 2 тона ниже исходного используется дубль-бемоль. Следовательно, ре-дубль-бемоль будет соответствовать звуку до.

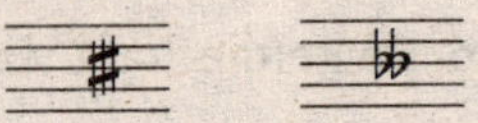

Наличие двух названий у одного и того же звука называется энгармонизмом.

Иногда знаки альтерации выставляются сразу после нотного ключа перед тактовым размером. Это означает, что все ноты в любой октаве попадают под воздействие знака до тех пор, пока он не будет отменен. Делается это для того, чтобы не ставить знак перед каждой нотой.

Подобные знаки альтерации называются ключевыми и служат для обозначения тональности произведения. Например, если после скрипичного ключа на пятой линии стоит диез, значит, все ноты фа, какой бы октаве они ни принадлежали, должны быть повышены на полтона (фа-диез), что соответствует тональности соль-мажор (подробнее о тональностях будет рассказано ниже).

В отличие от ключевых знаков альтерации знаки, выставляемые перед одной нотой, называются случайными, и их действие распространяется только на данную ноту указанной октавы в пределах одного такта. Если в одном такте встречается две и более таких ноты, все они должны быть повышены или понижены (в зависимости от знака) на полтона.

Действие диеза и бемоля может быть отменено. Для этого используется третий знак альтерации — **бекар.**

Он также ставится непосредственно перед ранее измененной нотой. Если в пределах одного такта встречается фа-диез, а затем фа-бекар, это означает, что в первом случае требуется звук на полтона выше фа, а во втором — фа чистое.

В тех случаях, когда двойное повышение или понижение надо обратить снова в простое, используют диез или бемоль, которые ставят перед нотой.

Такт

Все музыкальные произведения имеют свое ограничение по времени и подразделяются на небольшие равномерные отрезки, включающие в себя определенное количество укладывающихся в них различных по длине звуков. Каждый такой временной отрезок называется **тактом.**

Одной из основных характеристик такта является силовое выделение входящих в него звуков, то есть их акцентирование или неакцентирование. В пределах такта звуки подразделяются на **доли**, которые бывают сильными и слабыми.

В записи такты разграничиваются **тактовой чертой**, которая представляет собой вертикальную прямую линию, пересекающую нотный стан:

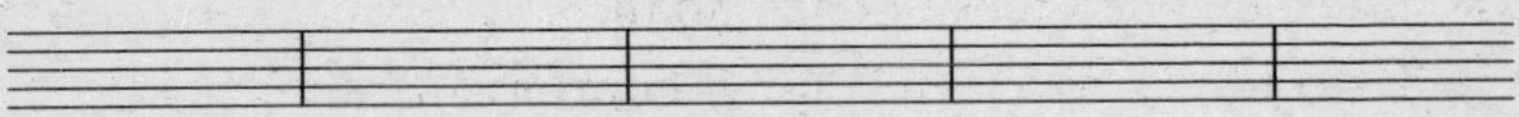

Размер и ритм

Все такты в музыкальном произведении имеют свой определенный размер, определяемый количеством долей и их длительностью.

Размер такта обозначается двумя цифрами, написанными одна под другой.

$\frac{2}{4}$	$\frac{3}{4}$	$\frac{4}{4}$	$\frac{3}{8}$	$\frac{6}{8}$
две четверти	три четверти	четыре четверти	три восьмых	шесть восьмых

Выставляется он сразу после нотного ключа и знаков альтерации, если таковые имеются.

При этом верхняя цифра означает количество долей, содержащихся в такте, а нижняя — длительность каждой доли.

Некоторые цифровые обозначения тактовых размеров заменяются специальными символами.

Размер $\frac{4}{4}$ обозначается как **C** ;

размер $\frac{2}{2}$ — **¢** .

Такты подразделяются на простые и сложные. К простым относятся двудольный (где первая доля сильная, а вторая слабая) и трехдольный (где первая доля сильная, а вторая и третья слабые) такты. К сложным относятся такты, имеющие четыре и более доли.

Считается, что эти такты состоят из нескольких простых. Поэтому в четырехдольном такте сильными будут первая и третья доли, а вторая и четвертая — слабыми, так как он состоит из двух двудольных тактов. В шестидольном сильными будут первая и четвертые доли, так как он состоит из двух трехдольных тактов. В любом случае первая доля в сложных тактах является наиболее сильной.

Длительность такта измеряется по количеству долей с помощью счета. На каждую долю приходится единица счета, поэтому, измеряя двудольный такт, следует считать: «раз, два»; трехдольный — «раз, два, три»; четырехдольный — «раз, два, три, четыре».

В записи сильные доли отмечаются специальной галочкой. В сложных тактах первая самая сильная доля отмечается двойной галочкой. В некоторых случаях произведение может начинаться не с начала такта, а с неполного, то есть не с первой доли, а со второй или третьей. Неполный такт называется **затактом.** Счет при этом ведется с той доли, с которой начинается такт, а в последующем такте возобновляется с первой доли.

сложные такты:

простые такты:

затакт:

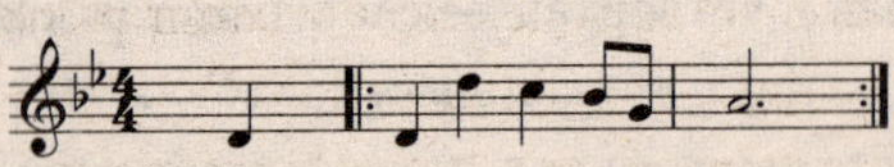

Помимо размера, каждое музыкальное произведение обладает **ритмом,** то есть четко организованной последовательностью звуков одинаковой или различной длительности. Именно ритмический рисунок придает каждому произведению его уникальную структуру, поскольку является одним из главных средств выразительности и формообразования в музыке. Чередование звуков без какого-либо ритма нельзя назвать мелодией. Ритм произведения подчинен размеру и зависит от чередования сильных и слабых долей, такой ритм называется тактовым или акцентным. Его также можно просчитать или простучать.

Для выделения ритмических долей используют целую ноту, половинную, четвертную, восьмую и др. Длительность ритмических долей определяется темпом, но это относительная величина. Более точно она устанавливается с помощью метронома. На основе ритма строятся такты и более крупные построения — такие, как предложения, периоды и т. п.

Тактовой системе свойственно ритмическое деление, то есть деление единиц ритма на равные части.

Основным делением в тактовой нотации является половинная: целая нота равна 2 половинным равна 4 четвертям равна 8 восьмым равна 16 шестнадцатым равна 32 тридцать вторым равна 64 шестьдесят четвертым нотам. Ритмическое деление используется при обозначении увеличения нотных длительностей.

К примеру, в нотной записи часто ставится точка рядом с нотой. Это означает, что длительность ноты увеличивается наполовину. Таким образом, обозначается трехдольное ритмическое деление.

Помимо ритмического рисунка, состоящего из двух или четырех нот, приходящихся на одну тактовую долю, существуют особые формы деления длительностей в такте. Например, нота или целый такт делятся на 3 (триоль), 5 (квинтоль), 7 (септоль), 9 (новемоль) и т. д. В то же время трехдольный такт может делиться на 2 (дуоль) и 4 (квартоль) доли. Есть еще и такие деления, как секстоль (6 долей вместо 4), октоль (8 долей вместо 6), децимоль (10 долей вместо 6, 8 и 12) и др. Все они достаточно трудны для исполнения, поэтому подробно об этих формах будет рассказано позднее, а приступать к исполнению можно только после освоения более простых приемов.

Синкопа

Синкопа — это перемещение акцента с сильной доли такта на слабую. В двухчетвертном такте перемещение происходит с первой доли на вторую; в трехчетвертном — с первой на вторую или третью; в сложном четырехчетвёртном такте — с первой или третьей, являющейся относительно сильной, на вторую или четвертую.

Синкопа возникает в трех случаях:

1. Когда на слабую долю такта выставлен акцент:

2. Когда на сильную долю такта приходится нота, по длительности меньшая, чем нота, приходящаяся на слабую долю такта:

3. Когда на сильную долю такта приходится пауза:

Группировка нот

Как уже было сказано выше, иногда ноты длительностью в одну восьмую и меньше, то есть ноты, имеющие штиль с хвостиком, объединяются с помощью вязок. При этом каждая такая группа нот соответствует одной или нескольким долям такта.

Группировка нот необходима для большей наглядности и удобства чтения нотных записей, а также для облегчения выявления сильных и слабых долей.

Кроме того, группировка нот важна при создании вокальных строчек, то есть для написания нот с подстрочным текстом. В том случае, когда на один слог текста приходится один звук, ноты не группируются.

Если на один слог приходится несколько звуков, штили обозначающих их нот объединяются вязкой. Помимо вязок, все ноты, приходящиеся на один текстовый слог, объединяются внизу дугообразной линией — лигой. Эти символы означают, что при исполнении музыкального произведения поющий должен пропеть на один слог все приходящиеся на него ноты.

По аналогии с исполнением музыкального произведения голосом воспроизведение музыкальным инструментом может быть одноголосным или многоголосным. Если воспроизводится последовательно по одному звуку — это одноголосное звучание. Одновременное воспроизведение нескольких звуков — многоголосное звучание.

Для обозначения многоголосного звучания ноты записываются одна под другой. При этом звук, обозначаемый верхней нотой, называется верхним голосом, а звук, обозначаемый нижней нотой, — нижним голосом, или басом. Промежуточные звуки относятся к средним голосам.

Звуки одинаковой длительности объединяются под одним штилем. Такая запись называется одноштильной. Направление штиля (вверх или вниз) определяется местоположением нот на нотном стане, то есть удобством их записывания.

Часто бывает так, что необходимо одновременно взять несколько нот различной длительности. При этом для их обозначения на нотном стане у верхних нот штили направлены вверх, а у нижних — вниз (двуштильная запись). По виду самих нот (полый или темный овал; наличие и отсутствие хвостиков у штилей) можно понять, какой звук следует держать дольше.

Под двумя штилями могут быть записаны и ноты одинаковой длительности (у нижнего звука штиль направлен вниз, а у верхнего — вверх);

главное, чтобы в пределах одного такта был соблюден единый принцип записи.

Бывает и так, что требуется одновременно воспроизвести три звука различной длительности, то есть использовать три различных штиля. Тогда в записи два штиля нот, имеющих разную длительность, направляются в одну сторону, а третий — в противоположную.

Для того чтобы не запутаться в длительности одновременно воспроизводимых нот, важно помнить о том, какие и сколько нот будут приходиться на каждую единицу счета.

Иногда при многоголосной записи вместо ноты (со штилем вверх или вниз) может стоять пауза. Она означает, что в этом случае берется только один звук.

В приведенном выше примере на счет «раз» воспроизводится нота со штилем вниз, на счет «два» — нота со штилем вверх (первая нота при этом продолжает звучать, так как на нее приходится две единицы счета). На счет «три» берутся все ноты и со штилем вниз, и со штилем вверх. На счет «четыре» нижняя нота продолжает звучать и берутся следующие ноты со штилем вверх.

Знаки увеличения длительности

Длительность любого звука или паузы может быть увеличена с помощью специальных знаков.

В некоторых случаях для увеличения длительности звучания используется **лига**. Этот знак представляет собой дугообразную линию, посредством которой соединяются следующие одна за другой ноты, обозначающие одинаковые по высоте звуки (о лиге, соединяющей различные по высоте ноты, будет рассказано дальше).

Лига продлевает звучание первой ноты на величину всех последующих, объединенных ею нот одинаковой высоты. Другими словами, извлекается только один звук, а длительность его определяется длительностью залигованных нот.

Лига может соединять одинаковые ноты нескольких тактов.

Французская лига по внешнему виду схожа с обычной, но отличается от нее по выполняемым функциям. Она не объединяет два одинаковых по высоте звука, а начинаясь от одной ноты, другим концом как бы повисает в воздухе.

Французская лига указывает на то, что звучание ноты, от которой она начинается, желательно выдержать сверх указанной самой нотой длительности по усмотрению исполнителя.

Другой символ, обозначающий увеличение длительности звучания ноты или выдерживания паузы, — **точка**, которую ставят справа от головки ноты или от паузы. Одна точка продлевает одну ноту на половину ее исходной длительности. Если точка стоит возле половинной ноты, то она будет равняться одной половинной и одной четвертной (или трем четвертным); если точка стоит возле четвертной ноты, то она будет равняться одной четвертной и одной восьмой (или трем восьмым) и т. д.

То же самое касается и пауз.

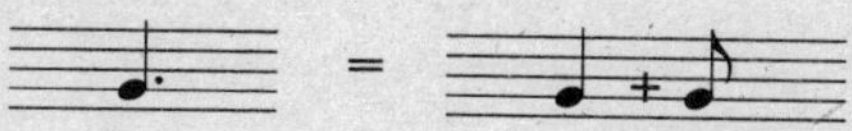

Двойные точки применяют довольно редко. Вторая точка, поставленная после первой, увеличивает ноту на половину длительности первой точки. То есть две точки возле половинной ноты означают, что она равняется одной половинной, одной четвертной и одной восьмой (или трем четвертным и одной восьмой, или семи восьмым); две точки возле четвертной ноты означают, что она равняется одной четвертной, одной восьмой и одной шестнадцатой (или трем восьмым и одной шестнадцатой, или семи шестнадцатым).

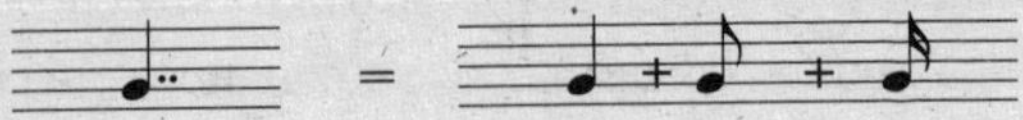

Фермата — еще один специальный знак, увеличивающий длину звучания. Выглядит он следующим образом:

Ставится фермата под или над нотой или паузой, которую требуется увеличить, и означает задержку звука или паузы на произвольное время по усмотрению исполнителя.

Знаки сокращения нотной записи

Для удобства восприятия нотной записи применяются специальные знаки сокращения.

Если требуется повторить музыкальное произведение или его часть, используются знаки повторения — **репризы:**

Точки ставятся со стороны повторяемой части произведения.

Если надо повторить музыкальное произведение или его часть с самого начала, выставляется только один знак в том месте, откуда требуется перейти на начало.

В некоторых случаях при повторении окончание повторяемой части должно быть изменено. Для этого применяются **вольты**, которые представляют собой квадратные скобки, выставляемые над нотным станом и охватывающие несколько тактов. В первой скобке ставится цифра 1, во второй — цифра 2. При повтором проигрывании отрывка вместо тактов под вольтой с цифрой 1 исполняются такты под вольтой с цифрой 2.

При записи вокальных произведений с несколькими куплетами в первой вольте вместо цифры 1 пишут: «Для повторения», а во второй вольте вместо цифры 2 пишут: «Для окончания».

Иногда для обозначения повторения произведения применяют термины на итальянском:

Da capo al fine (да капо аль финэ) — повторить от начала до слова «конец»; сокращенно d. c. al fine.

D`al segno (даль сэньо) — повторить до знака «сэньо»; сокращенно d. s. Знак сэньо выглядит следующим образом:

𝄋

Вместо терминов на итальянском могут быть использованы только знаки. При этом первый указывает на то, откуда следует повторять, а второй говорит о том, что, доиграв до него, надо повторить все от первого знака до второго и после этого играть нотный текст, следующий за вторым знаком.

E poi la Coda (э пои ля кода) — при повторении, доиграв до так называемого фонаря, перейти на окончание (коду). Фонарем называется специальный знак:

𝄌

Фонарь ставят в повторяемой части. Этот знак означает, что, дойдя до него, следует пропустить следующие такты и сразу переходить к заключительной части, в начале которой написано: «Coda».

Если в такте несколько раз повторяется одна и та же нота или созвучие, то запись сокращают и вместо группы нот пишут одну ноту с подчеркиванием ее штиля в соответствии с длительностью.

Если это созвучие, то рядом с ним ставят такое же количество черточек.

Если в произведении повторяется один и тот же такт, то для сокращения записи используют знак сокращения: ·/. . При повторе двух тактов — знак ·//. .

Иногда в нотной записи используют пунктирную черту с цифрой 8 с левой стороны, которая помещается над нотами.

8 – – – – – – – – – – – – – –

Это означает, что нота или группа нот, которые находятся под знаком, должны исполняться октавой выше. Если скобка проставлена внизу под нотами или аккордом, то это означает, что ноты, находящиеся над знаком, должны исполняться октавой ниже.

Когда мелодия в произведении исполняется в пределах нескольких позиций, но на одной струне, то номер позиции над нотами не пишется, а обозначается только та струна, которая используется. При этом группа нот, входящая в данную музыкальную фразу, охватывается пунктирной линией.

Темп и динамические оттенки

Существует ряд специальных обозначений, указывающих на специфику исполнения того или иного музыкального произведения или его отрывка.

Темп музыкального произведения

Скорость исполнения музыкального произведения зависит от его темпа, который указывается в начале нотной записи над нотным станом, сразу после нотного ключа, знаков альтерации и размера.

Темп исполнения пишется на итальянском языке (иногда в квадратных скобках дается русский перевод). Ниже приводится список наиболее часто используемых темпов, где указывается термин на итальянском, его транскрипция и перевод с подробным описанием скорости исполнения.

Grave [граве] —
тяжело, очень медленно,
самый медленный темп из возможных.

Largo [лярго] —
буквально «широко», протяжно.

Larghetto [ларгетто] —
довольно медленно и протяжно,
но несколько подвижнее, чем largo.

Lento [ленто] —
медленно.

Adagio [адажио] —
медленно (медленнее, чем andante,
но подвижнее, чем largo), спокойно.

Andante [анданте] —
не спеша.

Andantino [андантино] —
неторопливо
(подвижнее, чем andante).

Moderato [модерато] —
умеренно (среднее между
andantino и allegro).

Allegretto [аллегретто] —
довольно быстро, но медленнее,
чем allegro, и скорее, чем andante.

Allegro [аллегро] —
буквально «весело, радостно», скоро.

Vivace [виваче] —
быстро, живо.

Presto [прэсто] —
очень быстро.
Prestissimo [прэстиссимо] —
исключительно быстро
(быстрее, чем presto).
Animato [анимато] —
одушевленно.

Замедление и ускорение темпа

На протяжении одного музыкального произведения темп его исполнения может меняться. В этом случае используются специальные термины, определяющие изменение скорости исполнения:

Accelerando [аччелерандо] —
ускоряя; сокращенно accel.
Rallentando [ралентандо] —
постепенно замедляя; сокращенно rall.
Ritardando [ритардандо] —
задерживая; сокращенно rit.
A tempo [а тэмпо] —
в первоначальном темпе.

Динамические обозначения

Помимо музыкальных темпов, существуют динамические обозначения, то есть слова (например, forte), буквенные сокращения (например, f или p) и условные значки (например, вилочки), указывающие на динамический уровень исполнения, то есть оттенок громкости звучания, и его изменения. В нотах для гитары динамические обозначения пишутся под нотным станом. Ниже приводится список наиболее динамических оттенков, где указывается термин на итальянском, его транскрипция, перевод и сокращенное обозначение.

Piano [пиано] —
тихо; сокращенно p.
Pianissimo [пианиссимо] —
очень тихо; сокращенно pp.
Piano-pianissimo [пиано пианиссимо] —
чрезвычайно тихо; сокращенно ppp.
Mezzo piano [меццо пиано] —
не очень тихо; сокращенно mp.
Mezzo forte [меццо фортэ] —
не очень громко; сокращенно mf.
Forte [форте] —
громко; сокращенно f.
Fortissimo [фортиссимо] —
очень громко; сокращенно ff.
Forte-fortissimo [форте фортиссимо] —
чрезвычайно громко; сокращенно fff.
Sforzando [сфорцандо] —
внезапный акцент на звуке или аккорде,
его усиление; сокращенно sf.

или **diminuendo** [диминуэндо] —
постепенное ослабление
громкости звучания.

или **crescendo** [крещендо] —
постепенное усиление
громкости звучания.

> —

акцентирование, выделение какого-то определенного звука. В отличие от других динамических обозначений знак акцента может быть выставлен как под нотным станом, так и над ним.

Subito [субито]—
внезапная смена динамического оттенка.

Настройка гитары

Прежде всего необходимо правильно определить место каждой струны. Отсчет струн ведется от нижнего края грифа. Каждая струна пропускается в соответствующее ей отверстие на подставке. Другой конец струны пропускается в отверстие валика колка. Затем, придерживая струну правой рукой, левой следует вращать ушко колка, наматывая струну на валик до необходимого натяжения.

Строй гитары представляет собой высотное положение звуков без прижатия струн к ладам.

В нотной записи струны обозначаются обведенными в кружок цифрами:

①— первая струна;

②— вторая струна;

③— третья струна;

④— четвертая струна;

⑤— пятая струна;

⑥— шестая струна.

Самая тонкая — первая струна, самая толстая — шестая.

Все звуки гитары записываются в нотах на октаву выше своего реального звучания, то есть нота ля первой октавы в записи будет обозначаться нотой ля второй октавы. Подобный способ записи позволяет отображать все звуки, которые можно извлечь из гитары, на одном нотоносце, используя только скрипичный ключ и некоторое (нормально воспринимаемое зрительно) количество добавочных линий. Запись на одном нотоносце гораздо удобнее, чем на двух (как для фортепиано).

запись для фортепиано:

запись для гитары:

Настройку гитары следует начинать с первой струны. Она натягивается до тех пор, пока в неприжатом состоянии не будет соответствовать звуку ми первой октавы. Это можно проверить по камертону (специальному портативному прибору, дающему 440 колебаний в секунду и издающему звук определенной высоты) или по любому уже настроенному музыкальному инструменту, например по фортепиано.

Увеличивая и ослабляя натяжение струны, можно повышать и понижать звучание, чтобы добиться звучания в унисон с контрольным звуком (унисон — тождественное по высоте звучание двух и более звуков).

Если настройка производится по камертону, важно помнить, что он издает звук ля первой октавы. Для того чтобы на 1-струне получить звук ми, необходимо зажать ее на V ладу. В таком положении струна должна звучать в унисон с камертоном.

Существует два важных момента, о которых стоит упомянуть.

Во-первых, начинающему исполнителю, как правило, бывает трудно с первого раза определить соответствие между извлекаемым звуком и контрольным, то есть понять, звучит ли он выше или ниже требуемого. Часто, пытаясь подобрать звук, ученик натягивает струну слишком сильно, и она рвется (прежде всего это касается 1-й и 2-й струн). Чтобы избежать подобной неприятности, рекомендуется достаточно сильно ослабить струну и подтягивать ее постепенно, внимательно прислушиваясь к извлекаемому звуку.

Во-вторых, если нет возможности проверить звучание по камертону, можно настроить 1-ю струну по собственному усмотрению (так, чтобы это было удобно для голоса исполнителя). Оптимальный вариант можно примерно определить по силе натяжения 1-й струны. Если она натянута слишком сильно, ее будет трудно прижимать к ладам; если же струна натянута слабо, то при извлечении звука она будет дребезжать, задевая за лады. Таким образом, 1-ю струну можно принять за условно настроенную.

2-я струна настраивается по 1-й. В неприжатом состоянии она должна издавать звук си малой октавы (в записи это будет выглядеть, как си первой октавы). Для того чтобы добиться этого звучания, ее следует зажать на V ладу и проверить, соответствует ли звучание 2-й струны на V ладу звучанию открытой (неприжатой) 1-й струны. Другими словами, зажатая на V ладу 2-я струна должна издавать звук ми первой октавы и совпадать по звучанию с 1-й.

3-я струна настраивается по 2-й. В неприжатом состоянии она издает звук соль малой октавы. В унисон с открытой 2-й струной 3-я струна должна звучать, будучи зажатой на IV ладу.

4-я струна в неприжатом состоянии издает звук ре малой октавы. Она настраивается по открытой 3-й струне и совпадает по звучанию с ней, будучи прижатой на V ладу.

5-я струна, зажатая на V ладу, настраивается по открытой 4-й струне и в неприжатом состоянии издает звук ля большой октавы.

Последняя, 6-я струна, также прижатая на V ладу, настраивается по открытой 5-й струне и в свободном состоянии издает звук ми большой октавы. Ее также можно настраивать по открытой 1-й струне. Они должны звучать в унисон с интервалом в две октавы. При нарушении октавного подобия звучания отклонение легко воспринимается на слух, поэтому по совпадению или несовпадению звучания 1-й и 6-й струн можно проверить, достаточно ли хорошо настроена гитара.

Для каждой последующей струны предыдущая представляет собой контрольный звук. Важно помнить, что 3-я струна, в отличие от остальных, во время настройки должна быть прижата к IV ладу, а не к V.

Подобный порядок настройки является наиболее распространенным для шестиструнной гитары. Однако на первых порах бывает трудно правильно настроить 2-ю струну. Соответственно, все остальные струны, настроенные по ней, тоже будут звучать неверно. А игра на плохо настроенной гитаре недопустима, так как не только влияет на эстетическое восприятие, но и препятствует слуховому развитию исполнителя, приучая его к неправильному звучанию инструмента.

Существует несколько способов проверки правильности настройки инструмента.

Для проверки звучания 3-й струны ее следует зажать на IX ладу. В таком положении она должна совпадать по звучанию с настроенной открытой 1-й струной. Кроме того, прижатая на II ладу 3-я струна должна звучать на октаву выше открытой 5-й струны.

Прижатая на II ладу 4-я струна должна звучать на октаву ниже открытой 1-й струны и на октаву выше открытой 6-й струны.

Прежде чем приступить к обучению, гитару необходимо тщательно настроить и впоследствии проверять точность ее настройки перед каждым занятием, а тем более перед исполнением музыкального произведения на публике.

Во время настройки гитары держать ее следует точно так же, как и при игре.

Как держать гитару

Играть на гитаре следует сидя, особенно начинающим исполнителям. Это объясняется тем, что только в таком положении можно добиться правильной постановки рук. Если сразу же не выработать правильной постановки, в дальнейшем это может крайне негативно сказаться на технике исполнения и овладении приемами игры на данном музыкальном инструменте.

Посадка исполнителя и положение гитары

То, на чем сидит гитарист, имеет немаловажное значение. Сиденье должно быть удобным, устойчивым, без подлокотников, не слишком мягким или пружинящим, а также не сковывающим движений. Высота сиденья должна быть пропорциональна росту исполнителя, то есть бедро при согнутом колене располагается параллельно полу. Если колено задрано слишком высоко, это неудобно для исполнения и способствует выработке неправильной постановки правой руки; если колено находится слишком низко, неудобно держать инструмент.

Корпус гитары выемкой обечайки кладется на колено левой ноги. При правильном положении гитары пуговка на нижней части обечайки находится возле колена правой ноги, а гриф — возле корпуса играющего таким образом, что головка грифа располагается приблизительно на уровне плеча, но не выше. Сам корпус должен быть слегка наклонен вперед, плечи расправлены, грудь при этом чуть касается нижней деки в левой части корпуса гитары, располагающейся почти параллельно полу. Левое бедро должно образовывать с корпусом небольшой угол, нога согнута в колене.

Ни в коем случае нельзя нависать над гитарой, наклоняясь вперед слишком сильно. Это одна из наиболее типичных ошибок начинающих музыкантов. Необходимость видеть струны и лады вынуждает их наклонять голову и корпус. Этого надо стараться избегать. Нельзя разворачивать гитару верхней декой к себе, плоскости обеих дек должны быть перпендикулярны к полу.

На первых этапах обучения во избежание сползания корпуса гитары к колену левая нога опирается ступней на небольшую скамеечку. Высота скамеечки зависит от роста исполнителя и варьируется от 10 до 15 см. Наиболее устойчивым является положение, при котором пальцы ног опираются на более высокую часть скамеечки (15–17 см), а пятка — на более низкую (10–12 см). При отсутствии скамеечки можно положить ногу на ногу (левую на правую), но такой вариант менее приемлем.

Расстояние между правой и левой ногой обусловлено расстоянием от выемки обечайки до нижней части инструмента. Женщинам удобнее играть в положении, когда правая нога чуть отведена назад и опирается на кончики пальцев.

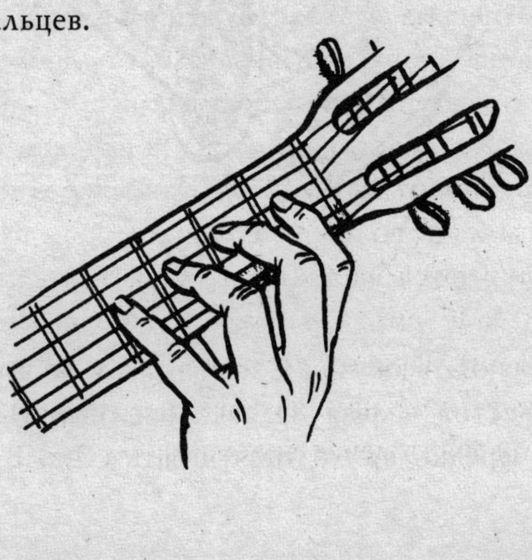

Левая рука исполнителя должна быть параллельна корпусу, предплечье приподнято, запястье согнуто, большой палец должен касаться середины задней части грифа, остальные пальцы согнуты в таком положении, чтобы подушечками пальцев можно было прижимать струны.

Правая рука отстраняется от корпуса исполнителя, предплечье лежит на большом закруглении обечайки в нижней части гитары. Локоть не должен выходить за правый край корпуса гитары, запястье не следует слишком сильно приближать к верхней деке, тем более касаться ее, кисть не должна находиться в наклонном положении по отношению к линии струн.

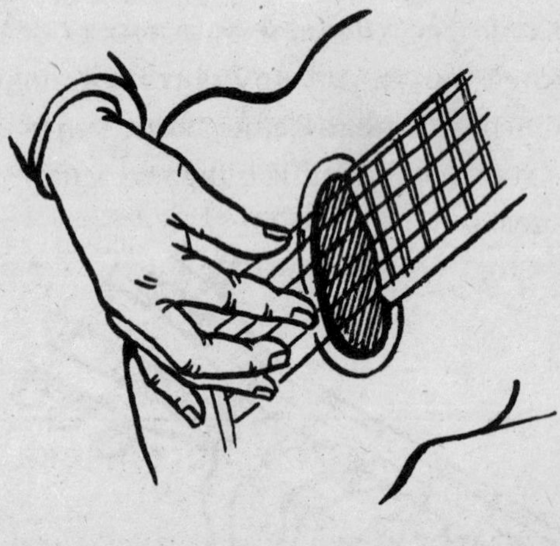

Начинать обучение игре на гитаре в положении стоя нельзя. Однако опытным гитаристам нередко приходится играть стоя. В этом случае гитара держится на ремне или шнурке, который должен быть достаточно прочным, но не слишком толстым. Один его конец крепится к пуговке, другой — к головке грифа. Ремень пропускается из-под правого плеча по левому.

При всех вариантах посадки главным условием остается удобство: ни руки, ни корпус исполнителя не должны быть перенапряжены.

Чаще всего извлечение звуков осуществляется пальцами правой руки, иногда медиатором. Важно помнить, что, если сразу начать играть на гитаре медиатором, может выработаться неправильная для извлечения звуков пальцами постановка правой руки. Переучиться в этом случае будет довольно сложно. Поэтому к извлечению звуков с помощью медиатора стоит приступать только после того, как обе руки окрепнут (добиться этого можно неоднократным проигрыванием различных упражнений), пальцы правой руки будут двигаться свободно, а левая рука будет достаточно натренирована для правильного взятия аккордов.

Постановка рук

Постановку рук и практические занятия по игре на гитаре следует начинать с правой руки. Это объясняется тем, что, когда исполнитель приступит к разучиванию аккордов, все его внимание будет сосредоточено на действиях левой руки. К этому времени необходимо в должной мере овладеть техникой извлечения звуков правой рукой.

Для хорошего исполнения необходимо добиться взаимодействия обеих рук. Правая рука осуществляет колебание струн, в то время как левая поддерживает эти колебания, продлевая их. В момент движения правой руки, воздействующей на струны, левая должна зажимать их на соответствующих ладах с необходимой для качественного звучания силой.

Занятия по овладению техническими приемами исполнения должны быть достаточно продолжительными, но при этом важно не переусердствовать. Заниматься следует до возникновения усталости рук или до появления неприятных болевых ощущений в пальцах. При первых признаках утомления следует немедленно прекратить занятие, расслабить мышцы рук, опустить кисти вниз и несколько раз потрясти ими, чтобы дать полностью расслабиться. Можно заниматься с небольшими паузами для отдыха. При неоправданно длительных занятиях, помимо обычной усталости, может развиться мышечное заболевание рук.

Не стоит делать длительные перерывы между занятиями. Упражнения по 20–30 минут каждый день принесут гораздо больше пользы, чем занятия в течение нескольких часов один раз в неделю. Оптимальным вариантом будут ежедневные занятия по полчаса утром и вечером. Важно все время помнить о правильном положении корпуса исполнителя, инструмента и рук. Также надо следить за тем, чтобы извлекаемый звук был чистым, а не дребезжащим. Необходимо выдерживать длительность всех нот и пауз. Наиболее трудные в техническом или ритмическом плане упражнения следует проигрывать в медленном темпе, убыстряя его по мере овладевания тем или иным приемом. Обе руки и все пальцы должны получать равномерную нагрузку, чтобы получить необходимую тренировку, поэтому лучше подбирать разнообразные, а не однотипные упражнения, чтобы развивать различные навыки.

Способы и приемы извлечения звука

Распределение пальцев правой руки на струнах и пальцев левой руки на ладах называется **аппликатурой**. От правильной аппликатуры зависит не только легкость, но и качество исполнения.

В нотных записях для гитары аппликатура часто не проставляется, что приводит к многочисленным погрешностям, если у исполнителя нет навыка правильной расстановки и чередования пальцев, ведь именно на гитаре возможны самые разнообразные варианты извлечения звука.

Аппликатурные приемы делают игру на гитаре более выразительной и колоритной, они во всей полноте раскрывают возможности инструмента и облегчают технику игры на нем.

Научившись правильному использованию аппликатуры, гитарист будет лучше ориентироваться на грифе, играть с более чистой интонацией, быстрее запоминать музыкальное произведение благодаря развитию музыкальной памяти и успешно читать с листа нотные записи. Можно сказать, что овладение приемов аппликатуры является основой гитарной техники.

Сложности при расстановке пальцев подразделяются на естественные, связанные с природными возможностями пальцев и индивидуальными особенностями рук исполнителя (размером, силой, ловкостью и т. п.), и искусственные, возникающие в результате привыкания к неправильной расстановке. Первые можно исправить путем постоянной, регулярной и внимательной работы. Вторые исправить окончательно практически невозможно.

Всегда следует добиваться естественного расположения и движения пальцев без напряжения.

Постановка правой руки

Правильная постановка правой руки очень важна. От этого зависит качество, сила, ритм и другие нюансы звучания, а также подвижность пальцев.

Каждый палец имеет свои особенности. Большой самый сильный, но не такой подвижный, как остальные. Указательный (первый) палец самый ловкий. Средний (второй) палец самый длинный, что вызывает некоторые неудобства в движениях, поскольку он находится между другими пальцами. Безымянный (третий) палец не очень подвижный и слабее других. Он часто связывает движения среднего пальца, делая их менее свободными. Мизинец (четвертый палец) самый короткий и самый слабый. Он редко принимает участие в игре.

Правая рука ниже локтевого сгиба должна лежать на месте соединения обечайки и верхней деки немного левее самой широкой части гитары, приблизительно на одной линии с нижним порожком. Кисть свободно опущена. В таком положении она будет немного отклонена вправо. Линия ногтевой стороны указательного, среднего, безымянного пальцев и мизинца должна быть параллельна линии струн, а сами пальцы параллельны ладам, так как звуки извлекаются в результате ударов пальцами, выполняемых в перпендикулярном к струнам направлении (только в этом случае можно добиться наиболее мощного звука). Указательный, средний, безымянный пальцы и мизинец в согнутом положении должны находиться на одной линии и на одинаковом расстоянии от струн. Большой палец следует держать прямо, параллельно указательному, слегка соприкасаясь с ним ногтевой фалангой. Запястье при этом должно находиться на расстоянии 4–5 см от поверхности верхней деки.

Рука должна быть расслаблена и либо свободно свисать, либо слегка опираться кончиками пальцев на струны. При этом указательный палец располагается на 3-й струне. Недопустимо мышечное напряжение руки — это препятствует свободе движений и мешает извлечению звука. При выполнении некоторых приемов рука приводится в движение локтевым или запястным суставом, чтобы не нарушать естественного движения пальцев. Во время тренировочных упражнений важно научиться извлекать звуки свободными движениями одних пальцев без участия кисти и самой руки.

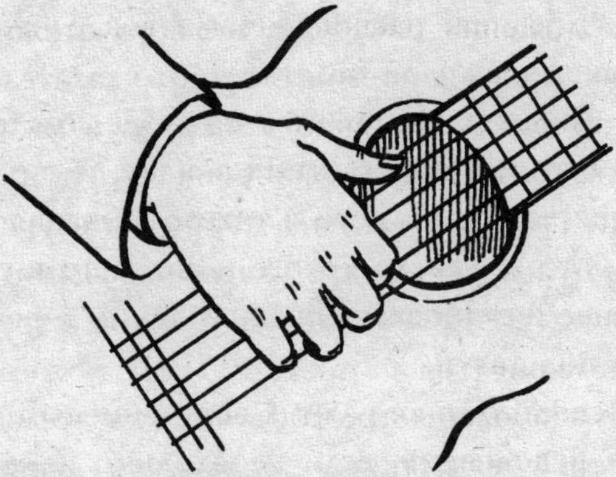

Звук извлекается с помощью защипывания, удара по струнам подушечками пальцев или ногтями. У каждого гитариста есть своя манера исполнения, соответствующая его представлениям о тоне, в результате чего звучание струн во время игры на гитаре всегда имеет индивидуальную окраску.

Прежде чем ударить по струнам, необходимо приготовить для этого палец. Правильно, если он будет расположен вертикально по отношению к струне. Тогда удар будет нести большую силу, делая звук звонче и колоритнее. Ударять по струнам можно от подставки до грифа. При различном положении меняется окраска звучания. Отрезок, на котором защипываются струны, можно разделить на три зоны:

1. Верхняя, которая располагается у самого грифа и занимает верхнюю половину звуковой розетки.

2. Средняя, расположенная возле нижней половины звуковой розетки.

3. Нижняя, расположенная возле подставки.

В соответствии с этими зонами тембр звука меняется от мягкого и тихого звучания возле самого грифа до яркого и сильного в средней зоне и становится очень сильным и резким возле подставки.

Использование разных зон применяется во время исполнения, если необходимо изменить тембр. Чтобы музыкальные фразы звучали с разной тембровой окраской, одну играют в верхней зоне, а другую — в нижней, перемещая пальцы по разным точкам на струнах.

Осуществляется защипывание (или удар) большим, указательным, средним и безымянным пальцами (защипывание мизинцем не производится, но он иногда используется в качестве опоры при исполнении пиццикато).

Чтобы удары были яркими и сильными, следует выполнять несколько правил:

1). При ударах указательным, средним и безымянным пальцами по какой-либо одной струне необходимо направлять их в одну точку.

2). При ударах указательным, средним и безымянным пальцами по разным струнам одновременно или последовательно они должны быть направлены по прямой, перпендикулярной к струнам.

3). Направление движения пальцев должно производиться под углом примерно в 45° по отношению к струнам.

Сам процесс защипывания можно разделить на пять этапов:

1). подготовительное расположение пальца над струной в полусогнутом состоянии;

2). прикосновение пальца к струне;

3). отклонение струны от обычного положения в результате нажатия на нее кончиком согнутой последней фаланги пальца;

4). колебание струны в результате ее соскальзывания с подушечки пальца;

5). остановка пальца и вновь установка его в первоначальное подготовительное положение.

Большой палец применяется преимущественно для извлечения звуков на 6, 5 и 4-й струнах. Непосредственно в момент извлечения звука он должен находиться чуть впереди указательного, то есть ближе к грифу. Большой палец может быть либо прямым, либо слегка согнутым по направлению к указательному, но ни в коем случае не в противоположную от него сторону.

Чтобы проверить правильность постановки большого пальца, безымянный палец надо поставить на 1-ю струну, средний — на 2-ю струну, а указательный — на 3-ю струну. Пальцы следует ставить подушечками. Большой палец также ставится на 3-ю струну. В таком положении его суставная часть не должна касаться указательного пальца.

Извлечение звука большим пальцем осуществляется за счет сгибания и разгибания второй фаланги. Защипывание производится последней фалангой в направлении, противоположном движению остальных пальцев, поэтому после щипка он перекрещивается с указательным пальцем.

В записи пальцы правой руки обозначаются латинскими буквами, являющимися первыми буквами испанских названий этих пальцев:

— большой палец — p;

— указательный палец — i;

— средний палец — m;

— безымянный палец — a.

Буквенные обозначения ставятся под или над нотами, которые следует брать указанным пальцем.

Извлечение звука можно осуществлять двумя способами. При **ногтевом способе** защипывание струны выполняется самой близкой к ногтю частью кончика пальца, после чего струна сама соскальзывает на ноготь. Таким образом, когда по струне ударяет ноготь, звук усиливается. Важно помнить, что при таком способе извлечения звука изгиб последней фаланги должен быть чуть меньше, чем при безногтевом способе, чтобы облегчить соскальзывание ногтя на струну.

Использование для игры ногтей предполагает постоянный уход за ними. Ногти должны выступать за подушечки пальцев на 1,5–2 мм. Они должны быть равномерно острижены, повторяя очертания мякоти. Края следует аккуратно подпилить, чтобы на них не было зазубрин. При безногтевом способе щипок производится только подушечками пальцев. Ногти должны быть аккуратно острижены. Со временем кожа на пальцах отвердевает, что позволяет выполнять удар с легкостью без потери чувствительности. В этом случае гитара звучит глуше и тише.

На левой руке ногти должны быть острижены в любом случае, иначе они будут мешать прижимать струны к ладам.

При исполнении различных музыкальных произведений пальцы могут защипывать любые струны, однако на начальном этапе обучения стоит разучить следующую расстановку:

— безымянный палец — для 1-й струны;

— средний палец — для 2-й струны;

— указательный палец — для 3-й струны;

— большой палец — для 4, 5 и 6-й струн.

Разместив пальцы на струнах вышеозначенным способом, можно приступать к тренировке.

Упражнения для большого пальца правой руки

Начинать следует с большого пальца. Во время его движения указательный, средний и безымянный пальцы должны свободно лежать на струнах.

Удар выполняется слева направо и вниз по направлению к деке: именно в этом случае можно добиться наиболее мощного звука. После удара палец должен оказаться на следующей струне, что предотвращает качание кисти руки и обеспечивает фиксацию необходимого положения. Какими бы пальцами какие бы звуки не извлекались, сама кисть должна оставаться неподвижной.

Итак, последовательность выполнения приема следующая:

— большой палец ставится на 6-ю струну;

— большой палец соскакивает на 5-ю струну, в результате чего звучит 6-я струна.

Необходимо следить за тем, чтобы после соскальзывания палец больше не касался струны. Начинающие исполнители часто задевают звучащую струну ногтем, что приводит к появлению дребезжащего звука или прекращению звучания. Научившись извлекать чистый звук, можно переходить к выполнению упражнений.

Упражнения надо делать в медленном темпе и громко, то есть выполнять защипывание с усилием, но не чрезмерным, иначе струна будет задевать за лады. Только после того, как прием будет освоен в медленном темпе, можно постепенно увеличивать скорость, добиваясь качественного исполнения в необходимом темпе.

Если требуется извлечь звук сначала на 6-й струне, а потом на 5-й, большой палец выполняет удар по 6-й струне, соскальзывает на 5-ю, после чего необходимо выждать некоторое время, чтобы дать отзвучать 6-й струне. Затем выполняется удар по 5-й струне, после чего палец соскальзывает на 4-ю.

Если требуется извлечь звук на 6-й струне, а потом на 4-й, большой палец выполняет удар по 6-й струне, соскальзывает на 5-ю, потом ударяет по 4-й струне, соскальзывая на 3-ю.

Упражнения для указательного, среднего и безымянного пальцев правой руки

Когда большой палец будет попадать на нужные струны без промахов, можно приступать к упражнениям для других пальцев.

Во время тренировок указательного, среднего и безымянного пальцев большой палец должен неподвижно лежать на 5-й струне, обеспечивая необходимую опору кисти. Извлекать звуки указательным, средним и безымянным пальцами можно двумя способами.

1-й способ

При использовании этого приема удары пальцами по струнам выполняются по направлению от деки к ладони. Пальцы должны быть согнуты таким образом, чтобы после выполнения защипывания кончик пальца, если продолжить сгибание, касался ладони возле сустава. Сила удара исходит от третьего сустава пальца. После защипывания палец остается в полусогнутом положении. Такой способ защипывания струны называется «снизу вверх».

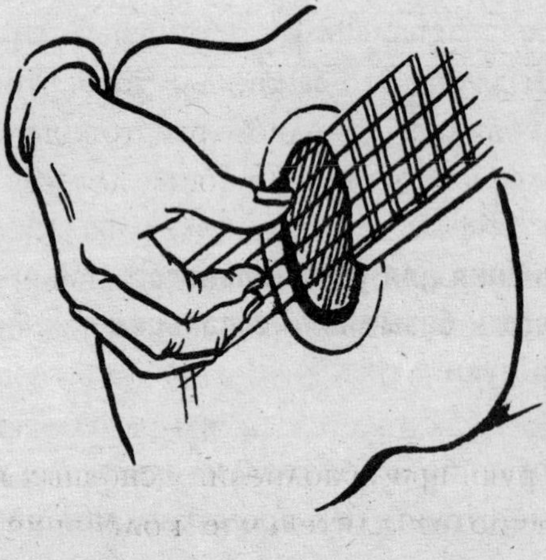

Отработку приема лучше начать с указательного пальца. Пока остальные пальцы свободно лежат на струнах, указательным выполняются удары по 3-й струне. Чтобы научиться выполнять это движение без рывков, не стоит слишком далеко удалять палец от струны, которую надо будет защипнуть.

После нескольких повторений надо перейти к выполнению упражнения средним пальцем. Освободившийся указательный палец при этом уже не опускается на струну, а располагается над ней. Точно так же следует осуществить переход от среднего к безымянному пальцу.

После того как пальцы будут выполнять это упражнение легко и непринужденно, следует отработать выполнение удара таким образом, чтобы в момент действия каждого пальца два других свободных пальца находились не на струнах, а над ними.

Все три пальца не должны быть удалены друг от друга. Это важно для того, чтобы пальцы находились на одном расстоянии от струн и имели равные возможности для их защипывания. Не следует также водить пальцами вдоль струн, так как это вызывает изменение тембровой окраски звуков и является специфическим приемом, овладеть которым можно только после того, как удастся добиться неподвижности кисти руки при исполнении основных приемов.

Наиболее длительное колебание струны достигается, если удар выполняется под прямым углом к струне и параллельно плоскости деки. Необходимо помнить о том, что последние фаланги пальцев не должны разгибаться, запястье — приближаться к верхней деке, а кисть — совершать какие-либо движения, помимо едва уловимого шевеления, обусловленного инерцией от движения пальцев.

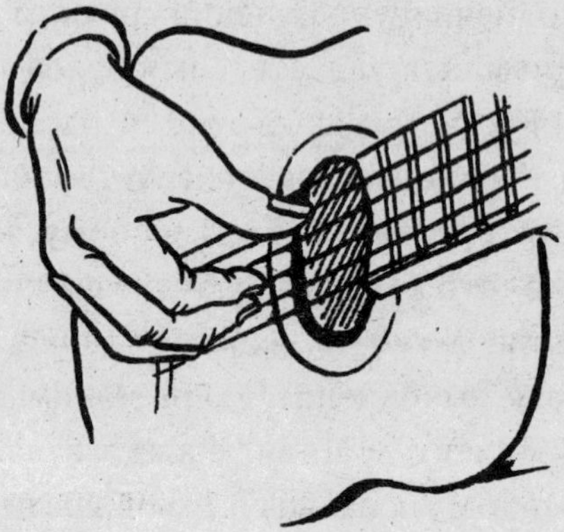

Как только будет отработан прием попеременного извлечения звуков, следует научиться брать несколько звуков одновременно.

Указательный палец следует поставить на 3-ю струну, средний — на 2-ю, а безымянный — на 1-ю. Большой палец при этом по-прежнему опирается на 5-ю струну.

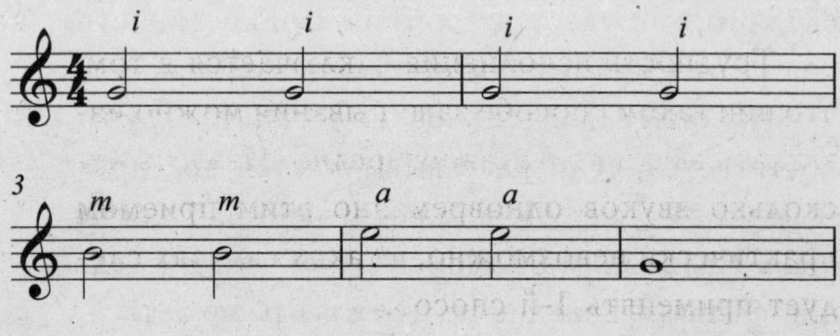

Щипки выполняются ровным одновременным движением всех трех пальцев без рывков кисти. Извлекаемые звуки должны быть одинаковой громкости, ни одна струна не должна дребезжать. Этот прием важен для последующего исполнения аккордов.

2-й способ

При этом способе удары наносятся не по направлению к ладони, а в сторону деки, как при защипывании струн большим пальцем. Указательный, средний и безымянный пальцы должны быть согнуты не так сильно, как при 1-м способе.

После удара палец останавливается в результате его опоры на соседнюю струну (при защипывании 6-й струны палец останавливается на 5-й, при защипывании 5-й — на 4-й и т. д., за исключением последней 1-й струны). Такой способ защипывания с использованием соседней струны называется «сверху вниз», или «апояндо».

Щипок в большей степени выполняется ногтем, что дает более мощное и звонкое звучание.

Трудность исполнения заключается в том, что при таком способе защипывания можно извлекать звуки только поочередно. Извлечь несколько звуков одновременно этим приемом практически невозможно, в таких случаях следует применять 1-й способ.

Упражнения для всех пальцев правой руки

После отработки приведенных выше приемов можно совместить действия большого и остальных пальцев правой руки.

Здесь особенно важно следить за правильной постановкой и направлением движения пальцев, положением кисти. Все движения должны быть четкими и слаженными, пальцы не должны мешать друг другу.

При извлечении большим пальцем звука на 4-й струне, в случае когда сразу после этого надо извлечь указательным пальцем звук на 3-й струне, большой палец после соскальзывания на 3-ю струну следует сразу же слегка приподнять кверху, чтобы он не мешал указательному. То же самое касается и других пальцев.

При проигрывании упражнений нужно следить за правильным выдерживанием длительности нот. Важно научиться выполнять упражнения без зрительного контроля, то есть надо уметь безошибочно извлекать нужные звуки, не наблюдая за действиями правой руки.

Во время выполнения этих упражнений важно отработать щипок большим пальцем в направлении деки с последующим соскальзыванием на соседнюю струну. После того как движение станет привычным и точным, гораздо проще будет научиться не останавливать палец на следующей струне, а проходить над ней. При одновременном извлечении четырех звуков большой палец выполняет щипок басовой 6-й струны, а указательный, средний и безымянный защипывают 3, 2 и 1-ю струны. Большой палец после удара останавливается на следующей струне.

Начинающим трудно извлекать все звуки одновременно. Как правило, большой палец либо выполняет щипок раньше остальных пальцев, либо, наоборот, запаздывает.

Другая распространенная ошибка заключается в том, что большой палец наносит удар не в направлении деки, а от нее вместе с остальными пальцами.

Нужно внимательно следить за тем, чтобы ни один из этих дефектов исполнения не проявлялся. Ни в коем случае нельзя привыкать к неправильному проигрыванию. Все четыре звука должны звучать одновременно и чисто.

Постановка левой руки

Благодаря правильной постановке левой руки достигается быстрота, легкость и независимость движений пальцев, а следовательно, точность, длительность звучания и быстрая смена звуков.

Приступать к упражнениям для левой руки можно только после того, как будет достигнута правильная постановка правой, то есть когда исполнитель отработает точность и правильность последовательности движений пальцев.

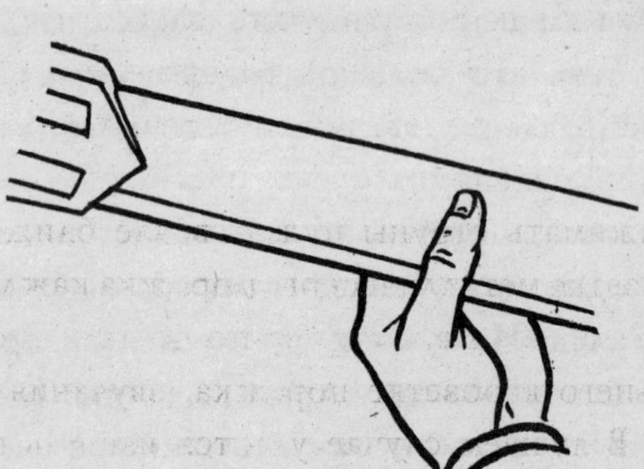

Прежде всего необходимо последовательно положить указательный, средний, безымянный пальцы и мизинец на одну струну таким образом, чтобы первый палец находился на I ладу, второй — на II, третий — на III, а четвертый — на IV. При этом большой палец левой руки должен упираться последней фалангой в заднюю часть грифа примерно на уровне указательного пальца. Большой палец выполняет функцию упора и уравновешивает силу нажатия на струны других пальцев.

Как и в случае с правой рукой, все движения выполняются только пальцами, а не всей кистью, которая должна располагаться перпендикулярно к грифу. Сама кисть должна находиться в таком положении, чтобы ладонь не касалась нижнего края грифа или его задней части.

Сгибая и разгибая пальцы, опускают их на струны. При этом пальцы не следует отводить слишком далеко от струн. Во время прижатия струн пальцы должны быть полусогнуты, само прижатие выполняется подушечками пальцев, кроме тех случаев, когда используется прием баррэ, о котором будет рассказано позднее. Прижимать струны нужно возле ближайшего к розетке металлического порожка каждого лада. Если прижать струну по центру или возле дальнего к розетке порожка, звучания не будет. В лучшем случае удастся извлечь глухой, невыразительный звук. Кроме того, для извлечения звука понадобится приложить больше усилий.

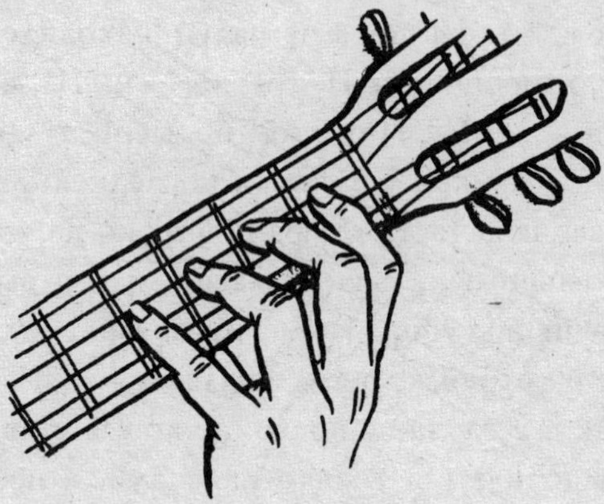

Положение пальцев левой руки на грифе, позволяющее извлечь несколько звуков различной высоты разными пальцами без перемещения самой руки, называется позицией. Позиция определяется местоположением указательного пальца. Если он находится на I ладу, то пальцы занимают первую позицию, на II — вторую и т. д. Позиции, как и лады, обозначаются римскими цифрами, ставятся над нотным станом и, как правило, используются для предупреждения о том, что указательный палец должен прижать струны приемом баррэ. Иногда границы позиций отмечаются пунктирной линией.

Разные пальцы могут зажимать струны на одном ладу (в этом случае их ставят ближе друг к другу) или на разных ладах (в этом случае их расставляют).

В какой бы позиции ни находились пальцы, нельзя допускать прогиба в суставах во время прижатия струн.

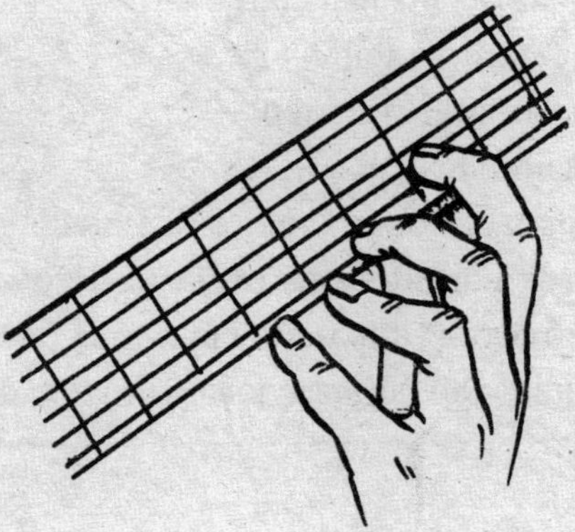

Прогиб допускается только в тех случаях, когда указательный палец зажимает не одну, а две или три струны сразу, в то время как другие пальцы зажимают 4, 5 или 6-ю струну. Но приступать к освоению этого приема можно только тогда, когда пальцы будут легко зажимать одну струну без прогиба.

Во время прижатия пальцы и рука в целом не должны испытывать чрезмерное напряжение (если прижатие затруднительно, следует убедиться в том, что струны натянуты не очень сильно или не слишком удалены от грифа). Также напряжение может возникать в тех случаях, если занятия проводятся не регулярно, а от случая к случаю. Высокая нагрузка ограничивает подвижность пальцев, необходимую и для смены аккордов, и для исполнения соло.

Так же как и пальцы правой руки, пальцы левой руки имеют свое обозначение, но не буквенное, а цифровое:

— указательный палец — 1;

— средний палец — 2;

— безымянный палец — 3;

— мизинец — 4.

Цифровые обозначения пальцев левой руки ставятся над нотным станом. В том случае, если требуется извлечь звук без прижатия струны, над соответствующей нотой ставится цифра 0.

Упражнения для левой руки

Первое упражнение, которое нужно освоить, — поочередное зажимание разными пальцами одной струны.

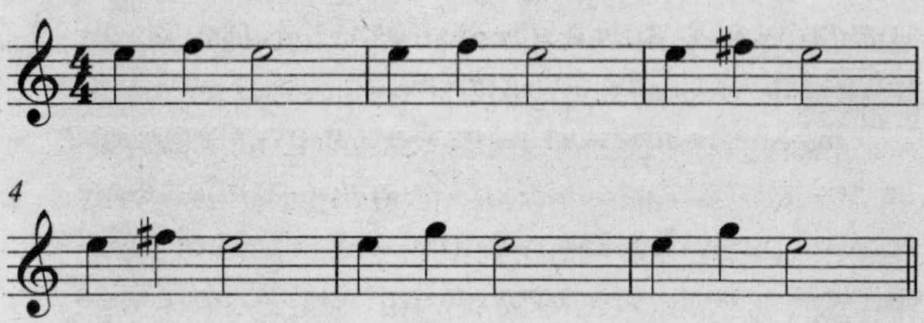

Пальцами правой руки нужно извлечь звук на открытой 1-й струне, затем 1-м (указательным) пальцем зажать ее на I ладу и извлечь звук на прижатой струне. То же самое следует выполнить, зажимая струну 2, 3 и 4-м пальцами.

Следующее упражнение выполняется на поочередное зажимание струн всеми пальцами.

Упражнение нужно проигрывать, прижимая струну поочередно 1, 2, 3 и 4-м пальцами, не снимая с ладов указанных пальцев после того, как струна зажимается на следующем ладу при последовательности звуков вверх. В обратном направлении, то есть при последовательности звуков вниз, следует снимать пальцы с ладов в обратном порядке: 4, 3, 2, 1-й. При исполнении некоторых музыкальных произведений необходимо оставлять пальцы на ладах, так как это помогает подготовить руку к извлечению следующих звуков без лишних движений пальцев и развивает их устойчивость.

После проигрывания с оставлением пальцев нужно выполнить то же самое упражнение, но уже снимая с лада предыдущий палец, когда в действие вступает следующий, то есть нужно снять с лада 1-й палец, когда на следующем ладу струна будет зажата 2-м пальцем. Не стоит поднимать освободившиеся пальцы слишком высоко над струнами, также необходимо следить, чтобы пальцы не прогибались.

Это упражнение следует выполнять на 1, 2 и 3-й струнах.

Упражнения для обеих рук

Следующие упражнения — на совместную работу правой и левой руки.

Если в предыдущем упражнении все звуки извлекались одним пальцем правой руки, то теперь пальцы тоже надо чередовать.

Можно порекомендовать следующие варианты:

— первый звук извлекается указательным пальцем (i), второй — средним (m), третий — указательным (i), четвертый — средним (m) и т. д.;

— первый звук извлекается средним пальцем (m), второй — указательным (i), третий — средним (m) и т. д;

— первый звук извлекается средним пальцем (m), второй — безымянным (a), третий — средним (m) и т. д.;

— первый звук извлекается безымянным (a), второй — средним (m), третий — безымянным (a) и т. д.

Еще одно упражнение направлено на отработку одновременного извлечения звуков пальцами правой руки и прижимания струн пальцами левой руки. Возле каждой ноты указаны пальцы, которыми следует прижимать струны к ладам.

Понятие лада

Помимо ладов на грифе гитары, существует музыкальный термин "лад", под которым подразумевается гармоничное сочетание звуков по высоте, система высотных связей, объединенных центральным звуком или созвучием, и облекающая ее в конкретные формы звуковая система. При этой системе происходит тяготение неустойчивых звуков перейти в устойчивые (опорные). Такой переход называется **разрешением.**

Понятие «лад» выражает свой эстетический смысл в представлении о музыке как о чем-то прекрасном, а система высотных связей причисляется к наиболее сильному способу эстетического воздействия музыки.

Лад бывает в любой музыке, где имеется органическая звуковысотная слаженность тонов. Лад как высотное построение охватывает все типы звуковысотной организации. В ходе музыкального интонирования ладовый материал принимает стройные, согласные звуковые формы.

Нельзя путать понятия «звукоряд» и «лад», так как звукоряд — это гаммообразно упорядоченная систематика тонов, а лад — функционирование их значений. Из специфических звуковых формул, образующих интонационную основу лада, строится так называемый интонационный словарь эпохи. Говоря по-другому, ладовая формула — это краткая музыкальная модель мира в представлении современников той или иной эпохи.

Чаще всего употребляются мажорный и минорный лады. Каждый звук лада называется **ступенью.** Ступени лада обозначаются римскими цифрами: I, II, III, IV, V, VI, VII.

Мажорный лад характеризуется большой терцией между I и III ступенью. Отличительной чертой минорного лада является малая терция между I и III ступенью.

Построение лада и отсчет ступеней (расстояние между двумя соседними звуками) ведется в восходящем порядке, то есть от нижнего звука к верхнему.

Лады имеют три вида: натуральный, гармонический и мелодический.

Натуральный мажорный лад имеет следующее построение: тон, тон, полутон, тон, тон, тон, полутон. Для запоминания эту последовательность удобнее сформулировать следующим образом: 2 тона, полутон, 3 тона, полутон.

I II III IV V VI VII I

Гармонический мажор отличается тем, что его VI ступень на полтона ниже, чем VI ступень натурального мажора.

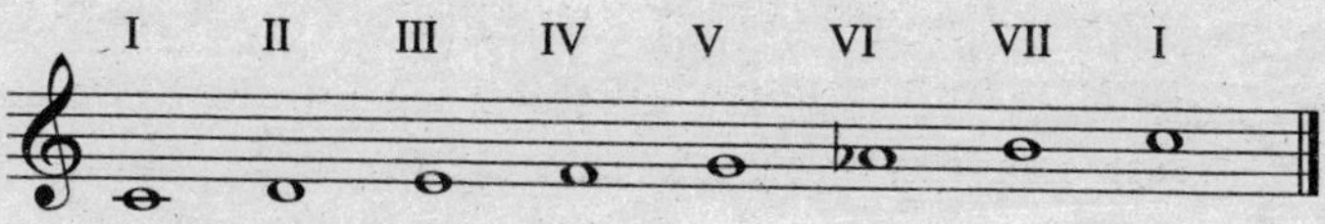

У мелодического мажора VI и VII ступени на полтона ниже, чем VI и VII ступени натурального мажора.

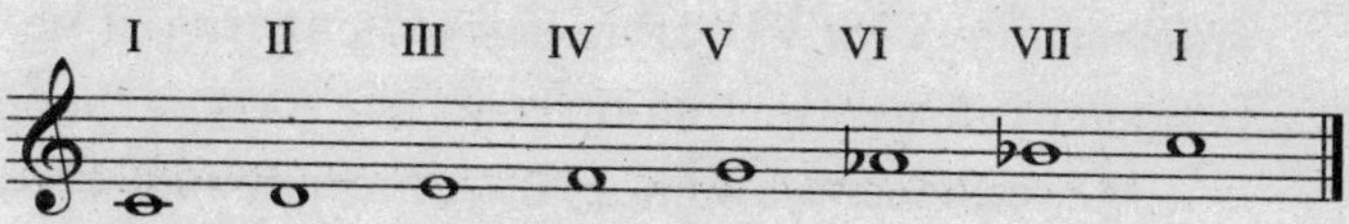

Натуральный минорный лад имеет следующее построение: тон, полутон, тон, тон, полутон, тон, тон (тон, полутон, 2 тона, полутон, 2 тона). Требуемое количество тонов между соседними звуками достигается с помощью ключевых знаков альтерации.

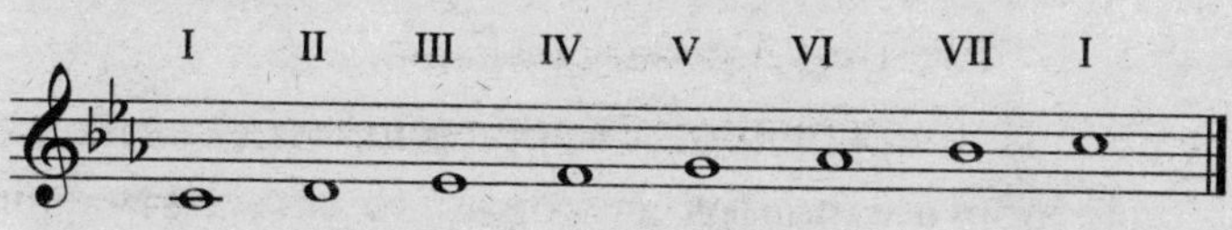

Гармонический минор отличается тем, что его VII ступень на полтона выше, чем VII ступень натурального минора как в восходящем, так и в нисходящем порядке. Он имеет строение: тон, полутон, тон, тон, полутон, 1,5 тона, полутон.

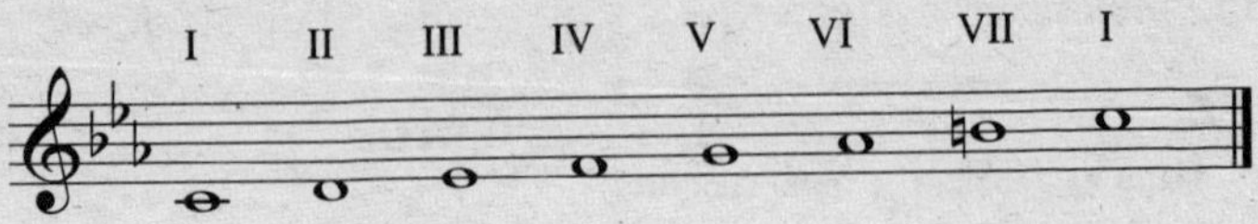

У мелодического минора VI и VII ступени на полтона выше, чем VI и VII ступени натурального минора. Однако в обратной последовательности звуков (от верхнего к нижнему) повышение VI и VII ступеней отменяется, и мелодический минор приобретает вид натурального. Мелодический минор имеет строение: тон, полутон, тон, тон, тон, тон, полутон.

И в мажорном, и в минорном ладу звук, от которого строится звукоряд, то есть I ступень лада, является наиболее устойчивым (опорным) и называется **тоникой** лада. Остальные ступени неустойчивы.

По терминологической традиции категория «лад» объединяет не только мажор, минор и натуральные лады, но и другие, нередко весьма далекие от классической тональности.

Тональность

знаки альтерации	тональности		знаки при ключе	
диезы и бемоли	мажор	минор		
	до	ля	без знаков	—
	фа	ре	1 бемоль	си
	соль	ми	1 диез	фа
	си-бемоль	соль	2 бемоля	си, ми
	ре	си	2 диеза	фа, до
	ми-бемоль	до	3 бемоля	си, ми, ля
	ля	фа-диез	3 диеза	фа, до, соль
	ля-бемоль	фа	4 бемоля	си, ми, ля, ре
	ми	до-диез	4 диеза	фа, до, соль, ре
	ре-бемоль	си-бемоль	5 бемолей	ми, ми, ля, ре, соль
	си	соль-диез	5 диезов	фа, до, соль, ре, ля
	соль-бемоль	ми-бемоль	6 бемолей	си, ми, ля, ре, соль, до
	фа-диез	ре-диез	6 диезов	фа, до, соль, ре, ля, ми
	до-бемоль	ля-бемоль	7 бемолей	си, ми, ля, ре, соль, до, фа
	до-диез	ля-диез	7 диезов	фа, до, соль, ре, ля, ми, си

Высота лада называется **тональностью.** Если мажорный лад строится от ноты до, то нота до является I ступенью лада, то есть тоникой. Соответственно, тональность получает название «до-мажор».

Из таблицы видно, что в системе мажорно-минорных ладов встречаются так называемые **параллельные** тональности, то есть тональности, имеющие одинаковое количество одних и тех же знаков альтерации, одна из которых мажорная, а другая минорная.

Параллельные тональности отстоят друг от друга на малую терцию, то есть на 1,5 тона (3 полутона). При этом мажорная тональность всегда отстоит от минорной на малую терцию вверх, а минорная от мажорной — на малую терцию вниз.

Помимо тоники, тональность определяют ключевые знаки альтерации. Если при ключе стоит два знака альтерации, например фа-диез и до-диез, значит, это либо ре-мажор, либо си-минор в зависимости от тоники.

Тональности, имеющие одинаковую тонику, называются **одноименными**, например до-мажор и до-минор.

Гаммы

Гамма — это определенная последовательность всех ступеней лада в восходящем или нисходящем порядке в пределах не менее одной октавы. Гаммы бывают мажорные, минорные и хроматические.

Гаммы, в которых все соседние звуки (ступени) отстоят друг от друга на 1 полутон, называются **хроматическими.**

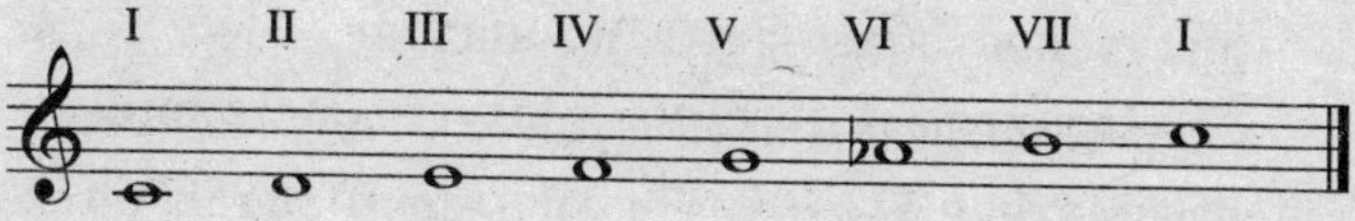

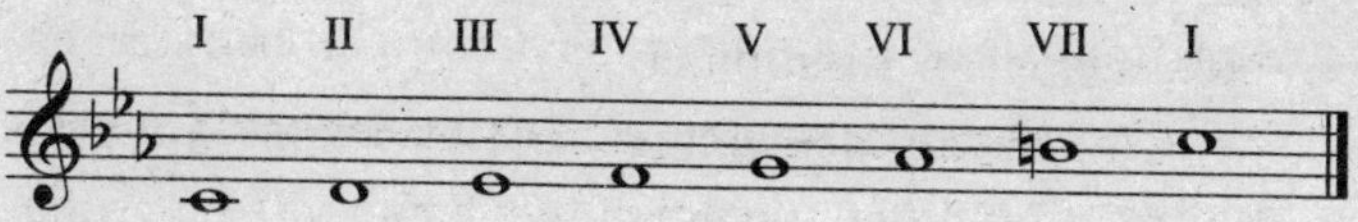

Натуральные мажорные и мелодические минорные гаммы

Гаммы являются прекрасным упражнением для развития беглости пальцев левой руки и укрепления рук. С их помощью легче освоить оба способа извлечения звуков.

Гаммы нужно выучить наизусть и проигрывать каждый день, строго соблюдая аппликатуру, то есть указанную последовательность пальцев левой руки на указанных струнах.

Это упражнение нельзя бросать даже после того, как исполнитель овладеет всеми приемами игры, иначе со временем можно утратить технику — подвижность пальцев. Заучивать гаммы нужно постепенно. Переходить к разучиванию следующей гаммы можно только тогда, когда будет полностью освоена предыдущая.

В некоторых гаммах аппликатура левой руки совпадает, различие заключается только в том, с какого лада начинается гамма, что существенно облегчает запоминание.

Проигрывать гаммы следует двумя описанными выше способами, то есть отпуская и не отпуская пальцев. Со временем гитарист научится понимать разницу в звучании и сможет самостоятельно решать, в каких случаях какой способ наиболее целесообразен.

Не следует слишком торопиться. Начинать нужно в медленном темпе, постепенно увеличивая его до максимально возможного.

С помощью гамм можно также развивать подвижность пальцев правой руки. Для этого гаммы нужно проигрывать разными пальцами: сначала указательным и средним, потом средним и безымянным. При проигрывании пальцы чередуются, например: нота до в гамме до-мажор берется указательным пальцем (i), ре — средним (m), ми — указательным, фа — средним, соль — указательным, ля — средним, си — указательным, до (следующей октавы) — средним. При другом варианте нота до берется средним пальцем (m), ре — безымянным (a), ми — средним, фа — безымянным и т. д.

Для развития большого пальца правой руки следует играть гаммы в пределах одной октавы, извлекая звуки только им. Нужно стараться проигрывать гаммы таким образом, чтобы не было остановок, сбоев, убыстрения темпа на более легких участках или замедления на более трудных.

Когда исполнитель научится играть гаммы от начала до конца в одинаковом темпе, нужно проигрывать их поочередно в двухчетвертном, трехчетвертном и четырехчетвертном размерах, то есть акцентируя звуки (делая их более громкими), приходящиеся на сильные доли тактов. Для удобства следует помогать себе счетом, как это было описано выше.

Если в начале занятий будет слишком трудно зажимать ноты на ладах, располагающихся ближе к розетке, можно ограничиться одной или двумя октавами.

В приведенных ниже упражнениях цифры над нотным станом обозначают пальцы левой руки, которыми следует зажимать струны, а цифры в кружочках под нотным станом — струны, на которых берутся ограниченные скобкой ноты.

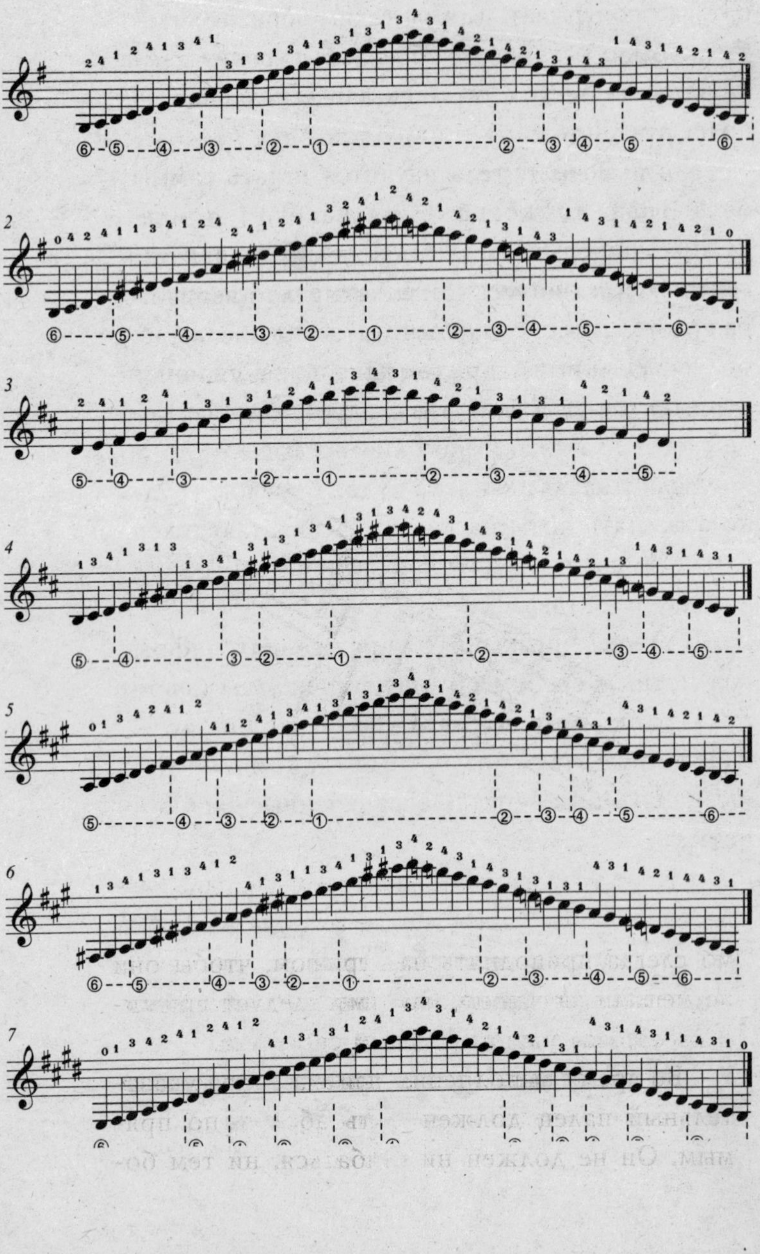
2
3
4
5
6
7

Баррэ

Баррэ — это специальный прием извлечения звука, при котором указательный палец левой руки прижимает на одном ладу несколько струн или все струны.

Баррэ бывает двух видов:

— малое баррэ, когда одновременно прижимаются три или четыре струны, начиная от первой;

— большое баррэ, когда одновременно прижимаются пять или шесть струн.

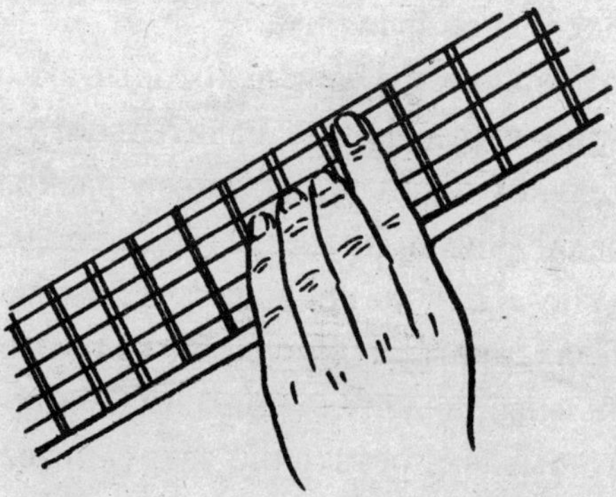

В тот момент, когда указательный палец выполняет прием баррэ, другие пальцы необходимо слегка приподнять над грифом, чтобы они не мешали звучанию, или ими следует прижимать струны уже описанным способом.

Во время выполнения приема баррэ указательный палец должен быть абсолютно прямым. Он не должен ни сгибаться, ни тем более выгибаться в противоположную сторону. Указательный палец располагается параллельно металлическим порожкам лада, ближе к правому порожку. Рука при этом должна быть слегка подвинута вперед в направлении от корпуса исполнителя, а кисть в лучезапястном суставе должна быть сильно изогнута, что способствует полному выпрямлению указательного пальца.

При большом баррэ указательный палец не должен уходить за 6-ю струну слишком далеко, так как она тоже должна прижиматься самым кончиком этого пальца, а не другой частью последней фаланги.

В отдельных случаях некоторые аккорды невозможно взять без незначительного прогиба указательного пальца. Тогда он располагается не параллельно порожку, а под небольшим углом к ладу. Однако прежде, чем разучивать подобные аккорды, нужно добиться того, чтобы указательный палец был максимально распрямлен, что бывает достаточно затруднительно для начинающих исполнителей.

При выполнении этого приема немаловажное значение имеет расположение большого пальца левой руки на задней части грифа. В начале освоения приема он должен находиться под грифом приблизительно напротив среднего пальца. Именно такое положение способствует нормальному прижиманию струн указательным пальцем и помогает обеспечить звучание без дребезжания. В принципе положение большого пальца варьируется в зависимости от сложности и специфики исполняемого аккорда.

Когда, помимо баррэ, струны зажимаются другими пальцами, указательный палец может расслабляться и приподниматься над струнами. В этом случае зажатые приемом баррэ струны не звучат, а остальные пальцы получают чрезмерную нагрузку. Этого следует избегать, следя за тем, чтобы указательный палец плотно прилегал к струнам.

Надо добиваться того, чтобы указательный палец зажимал струны без напряжения, а остальные пальцы не были неподвижными и скованными. Они всегда должны быть готовы зажать необходимые струны на ближайших трех ладах.

В том случае, если во время баррэ указательный палец нужно перенести с одного лада на другой, рука должна перемещаться быстро на небольшом расстоянии от струн, но без резких движений.

В связи с повышенной сложностью прием баррэ надо осваивать постепенно, отводя на каждое занятие ровно столько времени, чтобы рука не уставала слишком сильно. Но без систематических тренировок освоить этот прием невозможно.

В нотной записи баррэ обозначают вертикальной квадратной скобкой или римской цифрой, указывающей лад, на котором должен располагаться указательный палец.

Нечетное деление долей такта

Помимо четного деления нот в такте, когда на одну тактовую долю приходится одна четвертная нота или группы из двух восьмых и четырех шестнадцатых нот, существуют ритмические фигуры с нечетным делением. В них группы могут состоять из трех, пяти, шести и более нот, которые также будут приходиться на одну тактовую долю.

Группа из трех нот, приходящихся на одну долю такта, называется триолью, группа из шести нот — секстолью. Как правило, группы именно с таким количеством нот используются наиболее часто.

В нотной записи для определения этих нестандартных ритмических фигур над или под ними ставятся цифры, указывающие количество нот, приходящихся на одну долю такта.

Научиться правильно исполнять такие ритмические фигуры можно с помощью контроля счетом.

Если взять размер в $\frac{2}{4}$ с триолью на первой доле и четвертной нотой на второй, то при исполнении звучать они будут чуть быстрее, чем при четном делении. Чтобы научиться правильно играть триоль, надо проиграть ее на три счета, чтобы каждая нота приходилась на единицу счета: «раз, два, три». Потом надо проиграть все три ноты на один счет. Необходимо добиваться одинакового по длительности звучания всех трех нот. После этого можно на счет «раз» играть триоль (первую долю такта), а на счет «два» — четвертную ноту (вторую долю такта).

Помимо уже описанных ритмических фигур, встречаются **дуоли**. Дуоль представляет собой группу, состоящую из двух нот, по длительности равных трем обычным нотам той же длины.

Интервалы

Интервал — это высотное соотношение между двумя звуками, другими словами, расстояние между ступенями звукоряда.

Интервалы делятся на **мелодические**, звуки которых воспроизводятся последовательно, и **гармонические**, звуки которых воспроизводятся одновременно.

Нижний звук интервала называется основанием, верхний — вершиной.

Всего существует восемь основных интервалов, названия которых зависят от количества входящих в них полутонов или ступеней звукоряда:

— прима — не имеет расстояния;

— секунда малая — имеет расстояние от одного звука до другого в полутон или 1 ступень;

— секунда большая — имеет расстояние от одного звука до другого, равное 1 тону или 2 ступеням;

— терция малая — имеет расстояние от одного звука до другого, равное 1,5 тона или 3 ступеням;

— терция большая — имеет расстояние от одного звука до другого, равное 2 тонам или 4 ступеням;

— кварта чистая — имеет расстояние от одного звука до другого, равное 2,5 тона или 5 ступеням;

— кварта увеличенная — имеет расстояние от одного звука до другого, равное 3 тонам или 6 ступеням;

— квинта уменьшенная — имеет расстояние от одного звука до другого, равное 3 тонам или 6 ступеням;

— квинта увеличенная — имеет расстояние от одного звука до другого, равное 3,5 тона или 7 ступеням;

— секста малая — имеет расстояние от одного звука до другого, равное 4 тонам или 8 ступеням;

— секста большая — имеет расстояние от одного звука до другого, равное 4,5 тона или 9 ступеням;

— септима малая — имеет расстояние от одного звука до другого, равное 5 тонам или 10 ступеням;

— септима большая — имеет расстояние от одного звука до другого, равное 5,5 тона или 11 ступеням;

— октава чистая — имеет расстояние от одного звука до другого, равное 6 тонам или 12 ступеням.

Интервалы могут выстраиваться от любой ноты. В зависимости от количества входящих в них тонов и полутонов они могут быть чистыми, большими и малыми, увеличенными и уменьшенными. Соответственно, при обозначении того или иного интервала добавляется его дополнительная характеристика, например:

большая секунда, малая терция, увеличенная кварта, уменьшенная квинта и т. д.

По звучанию некоторые интервалы могут совпадать, в то время как по написанию они будут разными, например увеличенная квинта от ноты до будет звучать так же, как малая секста от той же ноты.

Чтобы понять, как образуются интервалы, построим малую терцию от ноты до.

Терция — это 3 ступени, следовательно, нужно отсчитать три ступени: до — I, ре — II, ми — III. Малая терция состоит из 1,5 тона, а в промежутке от ноты до и до ноты ми — 2 тона, то есть 4 полутона: до/до-диез, до-диез/ре, ре/ре-диез, ре-диез/ми. Следовательно, в промежутке от ноты до и до ноты ми будет не малая, а большая терция. Для того чтобы получить малую терцию, необходим промежуток до ноты до и до ноты ре-диез. Однако в написании это будет не терция, а секунда. Но нам уже известно, что ре-диез звучит так же, как ми-бемоль, поэтому, чтобы получить малую терцию, нужно написать ми-бемоль.

Чтобы построить малую терцию от ноты до-диез, также нужно отсчитать 3 полутона: до-диез/ре, ре/ре-диез, ре-диез/ми.

Чтобы получить большую терцию от ноты до-диез, нужно добавить еще 1 полутон. В полутоне от ноты ми располагается нота фа, но фа от до, а следовательно, и от до-диез будет уже кварта. Для того чтобы получить большую терцию от ноты до-диез, нужно вместо фа написать ноту ми-диез, которая по звучанию совпадает с нотой фа (энгармонически равна ей).

Выше разобран пример построения интервалов вверх, но они могут строиться и вниз. Порядок отсчета при этом сохраняется тот же, что и при построении вверх.

Для того чтобы построить вниз малую терцию от ноты ми, нужно отсчитать три ступени: ми — I ступень, ре — II ступень, до — III ступень. Далее проверяется количество полутонов: ми/ми-бемоль, ми-бемоль/ре, ре/ре-бемоль, ре-бемоль/до, то есть 4 полутона, а нам необходимо 3. 3 полутона находятся в промежутке от ноты ми до ноты ре-бемоль, но так записать нельзя, потому что ре — это II ступень. Другими словами, получается не малая терция, а увеличенная секунда. Энгармонически равной ноте ре-бемоль будет нота до-диез, которая является III ступенью от ноты ми, следовательно, малая терция от ноты ми — это нота до-диез.

Иногда для верной записи интервалов, построенных от определенных нот, приходится использовать не только бемоли и диезы, но и дубль-бемоли и дубль-диезы, например при построении малой терции от ноты соль-бемоль III ступенью от соль (следовательно, и от соль-бемоль) будет нота си. Но от соль-бемоль до си целых 5 полутонов, а нам необходимо всего 3. От соль-бемоль до си-бемоль — 4 полутона, что также много. А вот от соль-бемоль до ноты ля будет как раз 1,5 тона, то есть 3 полутона. Но записать этот интервал с нотой ля невозможно, так как это будет увеличенная секунда. Поэтому перед нотой си необходимо поставить дубль-бемоль, обозначающий понижение ноты си на 2 полутона и сохраняющий в записи требуемую III ступень.

Интервалы от примы до октавы включительно называются простыми. Интервалы, превышающие диапазон октавы, называются составными.

К составным интервалам относятся нона, децима, ундецима, дуодецима, терцима, квартдецима и квинтдецима.

Из них нас прежде всего будет интересовать нона. Так же как и простые, составные интервалы бывают чистыми, большими и малыми, увеличенными и уменьшенными. Так, большая нона состоит из чистой октавы и большой секунды; малая нона включает в себя чистую октаву и малую секунду.

Как же строится большая нона от ноты до? Чистой октавой от ноты до первой октавы является нота до второй октавы — VIII ступень. Секундой от ноты до второй октавы является нота ре второй октавы — II ступень. Промежуток от ноты до и до ноты ре включает 2 полутона, или 1 тон, то есть это большая секунда. Соответственно, чистая октава плюс большая секунда и будет большой ноной. В нотной записи это выглядит как нота до первой октавы и нота ре второй октавы. Для построения малой ноны нам потребуется чистая октава и малая секунда, то есть от ноты до второй октавы необходимо отсчитать не 1 тон, а полтона, другими словами надо понизить ноту ре на полтона. Конечный результат в записи будет выглядеть как нота до первой октавы и нота ре-бемоль второй октавы.

Для того чтобы лучше понять принцип построения интервалов, рекомендуется самостоятельно построить все интервалы (или хотя бы большие и малые терции) от всех нот. Знание и понимание принципов построения интервалов, а также умение безошибочно строить интервалы от любой ноты необходимы для изучения аккордов, поскольку система буквенно-цифровой записи аккордов базируется на сочетании букв с цифровыми обозначениями квинты, сексты, септимы и ноны.

Аккорды

Одновременное звучание в любом сочетании двух и более звуков называется созвучием.

Аккорд — это созвучие, состоящее из трех, четырех и более различных по высоте звуков, расположенных по терциям:

Также звуки в аккорде могут быть расположены по терциям в результате перемещения звуков на октаву.

Аккорд, состоящий из трех звуков, называется **трезвучием.** Каждый звук в трезвучии имеет свое название:

— основной тон — звук, от которого начинается построение аккорда (первый звук аккорда);

— терцовый тон — звук, отстоящий от основного тона на терцию (второй звук аккорда);

— квинтовый тон — звук, отстоящий от основного тона на квинту (третий звук аккорда).

Аккорд, состоящий из четырех звуков, называется **септаккордом,** так как четвертый звук этого аккорда называется септимой, поскольку отстоит от основного тона на септиму.

Аккорд, состоящий из пяти звуков, называется **нонаккордом,** так как пятый звук этого аккорда называется ноной, поскольку отстоит от основного тона на нону.

Построение аккордов

Используя различные сочетания больших и малых терций, можно построить четыре трезвучия.

1. Мажорное (большое) трезвучие. В этом трезвучии расстояние между основным и терцовым тонами составляет большую терцию, а расстояние между терцовым и квинтовым тонами — малую.

2. Минорное (малое) трезвучие. В этом трезвучии расстояние между основным и терцовым тонами составляет малую терцию, а расстояние между терцовым и квинтовым тонами — большую.

И в мажорном, и в минорном трезвучии интервал между основным и квинтовым тонами равен чистой квинте. Различие заключается только в том, что в минорном трезвучии терцовый тон на полтона ниже, чем терцовый тон мажорного трезвучия.

3. Увеличенное трезвучие. В этом трезвучии расстояние между основным и терцовым тонами составляет большую терцию, расстояние между терцовым и квинтовым тонами также составляет большую терцию.

В увеличенном трезвучии квинтовый тон на полтона выше, чем квинтовый тон мажорного трезвучия.

4. Уменьшенное трезвучие. В этом трезвучии расстояние между основным и терцовым

тонами составляет малую терцию, расстояние между терцовым и квинтовым тонами также составляет малую терцию.

В уменьшенном трезвучии квинтовый тон на полтона ниже, чем квинтовый тон минорного трезвучия. Септаккорды можно построить на основе уже построенных трезвучий, добавив к каждому из них четвертым звуком большую или малую терцию.

Несмотря на то что основных трезвучий четыре, на их основе можно построить только семь септаккордов, так как к увеличенному трезвучию можно добавить только малую терцию, поскольку большая терция дает звук, идентичный звучанию основного тона.

1. Большой мажорный септаккорд. Состоит из мажорного трезвучия, к квинтовому тону которого добавлена большая терция.

2. Малый мажорный септаккорд, или доминантсептаккорд. Состоит из мажорного трезвучия, к квинтовому тону которого добавлена малая терция.

3. Большой минорный септаккорд. Состоит из минорного трезвучия, к квинтовому тону которого добавлена большая терция.

4. Малый минорный септаккорд. Состоит из минорного трезвучия, к квинтовому тону которого добавлена малая терция.

5. Увеличенный септаккорд. Состоит из увеличенного трезвучия, к квинтовому тону которого добавлена малая терция.

6. Полууменьшенный, или малый вводный, септаккорд. Состоит из уменьшенного трезвучия, к квинтовому тону которого добавлена большая терция.

7. Уменьшенный, или уменьшенный, вводный, септаккорд. Состоит из уменьшенного трезвучия, к квинтовому тону которого добавлена малая терция.

При игре на гитаре среди нонаккордов чаще всего используются большой и малый доминантнонаккорды, которые строятся на основе малого мажорного септаккорда (доминантсептаккорда) и сокращенно называются просто большим и малым нонаккордами.

1. Большой нонаккорд. Состоит из доминантсептаккорда, к септиме (четвертому звуку) которого пятым звуком добавлена большая терция.

2. Малый нонаккорд. Состоит из доминантсептаккорда, к септиме которого добавлена малая терция.

Аккорды могут быть полными, то есть состоящими из трех, четырех и пяти звуков в соответствии с названием, и неполными. В последнем случае их отличие от обычного созвучия заключается в том, что пропущенный звук хотя и не звучит, все равно подразумевается.

Обычно неполными бывают доминантсептаккорды и доминантнонаккорды, в которых пропускается квинтовый тон, то есть третий звук.

Однако пропуск квинтового тона возможен и в других септаккордах, а также в мажорном и минорном трезвучиях.

Аккорды с пропущенным терцовым тоном, то есть вторым звуком, звучат пусто и невыразительно по сравнению с аккордами с пропущенным квинтовым тоном, поэтому используются значительно реже.

Если в аккорде присутствует несколько одинаковых по названию, но различных по звучанию звуков (то есть звучащих в октаву), то это называется **удвоением**. В пределах одного аккорда может быть несколько удвоений.

Виды аккордов

Аккорды бывают в основном виде и в обращении. Вид аккорда зависит от нижнего звука, в то время как остальные звуки могут иметь самое разное расположение. За основной вид принят аккорд, в котором нижним звуком является основной тон. Например, до-мажорное или до-минорное трезвучие (септаккорд или нонаккорд) обязательно должно нижней нотой иметь ноту до. В этом случае аккорд является основным.

Если же нижним является терцовый тон, такой аккорд называется первым обращением аккорда.

Если нижним звуком аккорда является квинтовый тон, такой аккорд называется вторым обращением аккорда. Трезвучия могут иметь всего два обращения, поскольку имеют основной, терцовый и квинтовый тоны.

Первое обращение трезвучия с нижним терцовым тоном называется **секстаккордом.**

Второе обращение трезвучия с нижним квинтовым тоном называется **квартсекстаккордом.**

Септаккорды имеют три обращения, так как, кроме основного, терцового и квинтового тонов, имеют септиму, которая также может быть нижней, то есть первой, нотой аккорда.

Первое обращение септаккорда с нижним терцовым тоном называется **квинтсептаккордом.**

Второе обращение септаккорда с нижним квинтовым тоном называется **терцквартаккордом.**

Третье обращение септаккорда с нижней септимой называется **секундаккордом.**

Нонаккорд практически всегда используется в основном виде, поэтому названий его обращений не существует.

Вне зависимости от того, в каком положении находятся основной, терцовый, квинтовый тоны или септима (внизу, в середине или наверху), название за ними все равно сохраняется.

Для лучшего понимания принципов построения аккордов рекомендуется самостоятельно построить все полные аккорды и аккорды с пропущенным квинтовым тоном сначала от основных нот (до, ре, ми, фа, соль, ля, си), затем от альтерированных (до-диез, ре-бемоль, ре-диез, ми-бемоль и т. д.).

При построении аккордов прежде всего необходимо определить названия всех составляющих его звуков. Важно помнить, что каждый последующий звук должен быть на терцию выше предыдущего. После определения названий звуков следует высчитать, на сколько полутонов второй звук отстоит от первого, третий — от второго, четвертый — от третьего и т. д., не забывая о том, что в большой терции содержится 4 полутона (2 тона), а в малой — 3 полутона (1,5 тона). Счет в полутонах вести проще, чем в целых тонах. При построении аккордов отсчет терций ведется снизу вверх по звукоряду.

Если между двумя соседними звуками полутонов окажется больше или меньше положенного, необходимо использовать знаки альтерации для понижения или повышения второго звука; если полутонов больше или меньше положенного количества между основным и терцовым тонами, необходимо понизить или повысить терцовый звук; если больше или меньше полутонов между терцовым и квинтовым тонами, следует понизить или повысить квинтовый тон и т. д.

Только при соблюдении этих правил можно избежать ошибок, связанных с неправильным определением или написанием звуков аккорда. Для лучшего усвоения материала можно построить основной вид минорного трезвучия от ноты до.

III ступенью, то есть терцией от ноты до, будет нота ми:

— до — I ступень;

— ре — II ступень;

— ми — III ступень.

III ступенью (терцией) от ноты ми будет нота соль:

— ми — I ступень;

— фа — II ступень;

— соль — III ступень.

Таким образом, мы определились с названиями нот, входящих в состав трезвучия: до, ми, соль.

Теперь высчитаем, сколько полутонов находится между основным тоном (в нашем случае — до) и терцовым (ми):

— между нотами до и до-диез — 1 полутон;

— между нотами до и ре — 2 полутона (1 тон);

— между нотами до и ре-диез — 3 полутона (1,5 тона);

— между нотами до и ми — 4 полутона (2 тона).

Поскольку мы строим минорное трезвучие, терцовый тон должен отстоять от основного на малую терцию, то есть на 3 полутона (1,5 тона). Значит, терцовый тон аккорда необходимо понизить на 1 полутон, а для этого к ноте ми нужно добавить бемоль.

Теперь необходимо посчитать количество полутонов между нотами ми-бемоль и соль:

— между нотами ми-бемоль и ми — 1 полутон;

— между нотами ми-бемоль и фа — 2 полутона (1 тон);

— между нотами ми-бемоль и фа-диез — 3 полутона (1,5 тона);

— между нотами ми-бемоль и соль — 4 полутона (2 тона).

В минорном трезвучии квинтовый тон отстоит от терцового на большую терцию, то есть на 4 полутона, следовательно, требуемый аккорд построен правильно.

Теперь построим мажорные трезвучия от ноты си-бемоль и от ноты ля-диез (напоминаем, что эти ноты энгармонически равны, то есть имеют одинаковое звучание при разном написании).

Терция (III ступень) от ноты си-бемоль — это нота ре. Терция от ноты ре — нота фа. Значит, для построения си-бемоль-мажорного трезвучия будут использоваться ноты си-бемоль, ре и фа.

Терция от ноты ля-диез — нота до. Терция от ноты до — нота ми. Следовательно, для построения ля-диез-мажорного трезвучия будут использоваться ноты ля-диез, до и ми.

Теперь необходимо посчитать количество полутонов между звуками обоих аккордов. Си-бемоль-мажорное трезвучие:

— между нотами си-бемоль и си — 1 полутон;

— между нотами си и до — 1 полутон;

— между нотами до и до-диез — 1 полутон;

— между нотами до-диез и ре — 1 полутон.

— между нотами ре и ре-диез — 1 полутон;

— между нотами ре-диез и ми — 1 полутон;

— между нотами ми и фа — 1 полутон.

Следовательно, между нотами си-бемоль (основным тоном) и ре (терцовым тоном) — 4 полутона, то есть большая кварта, характерная для первых двух нот мажорного трезвучия; между нотами ре (терцовым тоном) и фа (квинтовым тоном) — 3 полутона, то есть малая терция, характерная для вторых двух нот мажорного трезвучия.

Таким образом, аккорд построен правильно.

Ля-диез-мажорное трезвучие:

— между нотами ля-диез и си — 1 полутон;

— между нотами си и до — 1 полутон.

Для большой терции, на которую в мажорном трезвучии должен отстоять квартовый тон от основного, не хватает 2 полутонов. Значит, нужно использовать повышающие знаки альтерации. Поскольку диез повышает звук только на 1 полутон, придется воспользоваться дубль-диезом. Соответственно, первая часть аккорда будет иметь вид: ля-диез/до-дубль-диез.

Теперь проверим вторую часть. Поскольку по своему звучанию до-дубль-диез соответствует ноте ре, значит, между терцовым и квинтовым тонами аккорда — 2 полутона, в то время как для требуемой малой терции необходимо 3 полутона. Придется опять прибегнуть к помощи повышающего знака альтерации. Таким образом, вторая часть аккорда будет иметь вид: до-дубль-диез/ми-диез.

Итак, в обоих аккордах все звуки имеют одинаковое звучание, но различны по написанию. Это и называется энгармонизмом или энгармонической заменой.

Когда требуется выяснить название и вид аккорда, прежде всего следует исключить из аккорда все удвоения, то есть оставить по одному аккордовому тону. Затем надо построить аккорд от каждого из оставшихся звуков, используя только имеющиеся. Как уже говорилось, правильное построение аккорда заключается в том, что каждый последующий звук отстоит от предыдущего на большую или малую терцию. По первому звуку можно определить название аккорда, а по последовательности терций — его вид.

Буквенно-цифровые обозначения аккордов

Основные ступени музыкального звукоряда обозначаются большими латинскими буквами: A, C, D, E, F, G, H.

Нота си-бемоль имеет специальное обозначение — B.

По этим обозначениям можно определить, от какого звука построен аккорд.

Большими буквами обозначаются мажорные трезвучия: A — ля-мажорное трезвучие, C — до-мажорное трезвучие и т. д. Буква B обозначает мажорное трезвучие, построенное от ноты си-бемоль.

Минорные трезвучия обозначаются большими латинскими буквами с добавлением маленькой буквы «m»: Am — минорное трезвучие, построенное от ноты ля, Cm — до-минорное трезвучие и т. д.

Помимо буквенных обозначений, существуют и цифровые.

Так, C+5 будет означать до-мажорное трезвучие с повышенным квинтовым тоном. Другими словами, знак «+» указывает на то, что необходимо повысить один звук аккорда на полтона, цифра 5 показывает, какой именно звук должен быть повышен.

Cm-5 означает до-минорное трезвучие с пониженным квинтовым тоном, то есть знак «-» говорит о том, что один из звуков аккорда должен быть понижен на полтона, а цифра 5 также показывает, какой именно звук должен быть понижен.

Иногда используются трезвучия, к которым добавляется четвертый звук, отстоящий от основного тона на большую сексту (4,5 тона).

В до-мажорном и до-минорном трезвучиях таким четвертым звуком будет нота ля.

Трезвучия с добавочным четвертым звуком обозначаются цифрой 6, так как секста — VI ступень:

C6 — до-мажорное трезвучие с секстой;

Cm6 — до-минорное трезвучие с секстой.

Остальные трезвучия также имеют свои буквенно-цифровые обозначения:

Cmaj.7 (или просто C+7) — большой до-мажорный септаккорд;

C7 — малый до-мажорный септаккорд (доминантсептаккорд);

C7+5 — малый до-мажорный септаккорд (доминантсептаккорд) с повышенным на полтона квинтовым тоном;

C7-5 — малый до-мажорный септаккорд (доминантсептаккорд) с пониженным на полтона квинтовым тоном;

Cm+7 — большой до-минорный септаккорд;

Cm7 — малый до-минорный септаккорд;

C+7+5 — увеличенный септаккорд, построенный от ноты до;

Cm7-5 — полууменьшенный (малый вводный) септаккорд, построенный от ноты до;

Cdim. — уменьшенный (уменьшенный вводный) септаккорд, построенный от ноты до;

C9 — большой нонаккорд (большой доминантнонаккорд), построенный от ноты до;

C-9 — малый нонаккорд (малый доминантнонаккорд), построенный от ноты до.

В том случае, если трезвучие, септаккорд или нонаккорд построены не от основной ступени звукоряда, а от альтерированной, то после большой буквы, обозначающей основную ступень, добавляется соответствующий знак альтерации. Таким образом, фа-диез-мажорное трезвучие будет обозначаться как «F#», а фа-бемоль-минорное — как «Fbm».

Итак, от каких бы ступеней не строился аккорд, цифры всегда сохраняют свое значение:

— цифра 5 обозначает квинтовый тон аккорда, отстоящий от основного тона на чистую квинту вверх;

— цифра 6 обозначает дополнительный, четвертый звук в мажорном или минорном трезвучии, отстоящий от основного тона аккорда на большую сексту вверх;

— цифра 7 обозначает септиму в септаккорде, отстоящую от основного тона аккорда на малую септиму вверх (исключение составляет Cmaj.7, где цифра 7 в сочетании с maj. (мажор) указывает на септиму, отстоящую от основного тона аккорда на большую септиму вверх);

— цифра 9 обозначает нону, отстоящую от основного тона аккорда на большую нону вверх.

Кроме того, как упоминалось выше, знак «+» всегда указывает на то, что тон аккорда, обозначенный цифрой, перед которой располагается «+», должен быть повышен на полтона.

Знак «-» всегда указывает на то, что тон аккорда, обозначенный цифрой, перед которой располагается «-», должен быть понижен на полтона.

Перечень аккордов

В перечень аккордов для шестиструнной гитары включены только те аккорды, аппликатура левой руки которых не вызывает особых трудностей для исполнения.

В приведенном списке на каждом нотном стане первыми располагаются основные виды аккордов по тому же принципу, что и строятся: внизу основной тон, затем терцовый, затем квинтовый и т. д.

Все звуки аккордов находятся на струнах, прижатых к ладам, что позволяет пользоваться типовой аппликатурой левой руки. То есть при исполнении трезвучия, септаккорда или нонаккорда, построенных не от данной ноты, а от других нот, достаточно просто передвинуть пальцы с одной позиции на другую, не меняя их расположения. Например, для того чтобы после исполнения до-мажорного трезвучия (С), при котором пальцы находятся в III позиции, исполнить до-диез-мажорное трезвучие (С#), надо каждый палец левой руки передвинуть на следующий лад, то есть переместить из III позиции в IV, тем самым повысив все звуки аккорда на полтона. При перемещении руки еще на один лад пальцы окажутся в V позиции, и получится ре-мажорное трезвучие.

Все аккорды построены только от основных ступеней звукоряда, за исключением одной альтерированной ступени: до, ре, ми, фа, соль, ля, си и си-бемоль.

Над каждым нотным станом проставлены буквенно-цифровые обозначения аккордов, записанных нотными знаками, а над каждым аккордом латинскими цифрами указаны позиции, облегчающие нахождение нужных звуков на ладах. Арабские цифры перед каждой нотой показывают, каким пальцем данная струна прижимается к ладу. В скобках указывается другой вариант аппликатуры — исполнитель самостоятельно может выбрать наиболее удобный для него. При этом необходимо учитывать тот факт, что выбранный аппликатурный вариант должен позволять исполнять серию аккордов, указанных в музыкальном произведении, в ближайших друг к другу позициях, чтобы не усложнять исполнения и не тратить времени на расстановку пальцев.

Расстановку пальцев лучше всего начинать с 1-й струны. Как правило, когда указательный палец прижимает только одну струну, удобнее делать это обычным способом (подушечкой указательного пальца), без использования приема баррэ. Если же указательный палец прижимает несколько струн, то есть цифра 1 стоит около двух и более нот, используется баррэ. Некоторые из приведенных ниже аккордов можно взять только с использованием большого пальца левой руки, которым прижимают 6-ю струну (5-ю струну большой палец может прижать только на гитаре со специальным обуженным грифом с выпуклостью).

В перечне не указаны аккорды, часть или все звуки которых берутся на открытых, то есть не прижатых к ладам струнах, поскольку эти звуки легко определяются по строю шестиструнной гитары. При понижении любого аккорда на полтона получается аккорд, часть звуков которого располагается на открытых струнах. В этом случае для удобства исполнения надо изменить аппликатуру левой руки, адаптировав ее под использование открытых струн.

Если не требуется извлечения шести или пяти звуков аккорда, из аппликатуры левой руки можно исключить удвоенные тоны, располагающиеся на 6-й и 5-й струнах. Исполнение некоторых аккордов можно упростить за счет пропуска каких-нибудь тонов, если это не отразится на звучании.

Не стоит забывать о том, что некоторые аккорды, построенные от разных нот, имеют одинаковое звучание при разном написании. Обычно энгармонизм встречается у мажорных трезвучий с повышенным квинтовым тоном и у уменьшенных септаккордов. Малый минорный септаккорд тождественен по звучанию мажорному трезвучию с секстой, отстоящему от его основного тона на малую терцию вверх (Am7 = C6, Hm7 = D6 и т. д.), а полууменьшенный септаккорд аналогичен минорному трезвучию с секстой, также отстоящему от его основного тона на малую терцию вверх (Am7-5 = Cm6, Hm7-5 = Dm6 и т. д.).

Существует ряд тонкостей при исполнении некоторых аккордов медиатором. Часть из приведенных ниже аккордов можно исполнить только при том условии, если 1-я струна не будет звучать. В этом случае глушение 1-й струны, как правило, осуществляется прикосновением к ней либо кончиком, либо ближней к ладони части указательного пальца. Однако в зависимости от аппликатуры глушение может выполняться и другими пальцами по усмотрению исполнителя. Снятие звучания 1-й струны обычно используется при исполнении нонаккордов и позволяет брать аккорды в более низком регистре.

Аккорды, которые употребляются наиболее часто, располагаются в пределах I–IV позиций, то есть в промежутке от I до IV лада включительно. Чтобы запомнить нахождение звуков в аккордах, надо выполнить достаточное количество упражнений и гамм, расположенных в позициях.

Во время изучения аккордов и тренировки в их исполнении следует добиваться плавности перехода из одной позиции в другую. При переходах не должно возникать вынужденных пауз. Для этого нужно научиться рационально использовать аппликатуру левой руки.

Плавности перехода от одного аккорда к другому можно добиться следующими способами:

1. Производить смену позиции во время звучания открытой струны.

2. Производить смену позиции во время скольжения одного или нескольких пальцев по струнам. Это значит, что не надо отнимать от струн все пальцы, а, оставив какой-нибудь из них, скользить по струне до другого лада, не прерывая в это время мелодии. Перед тем как начать скользить пальцем по струне, следует немного его ослабить, а затем начать передвигать.

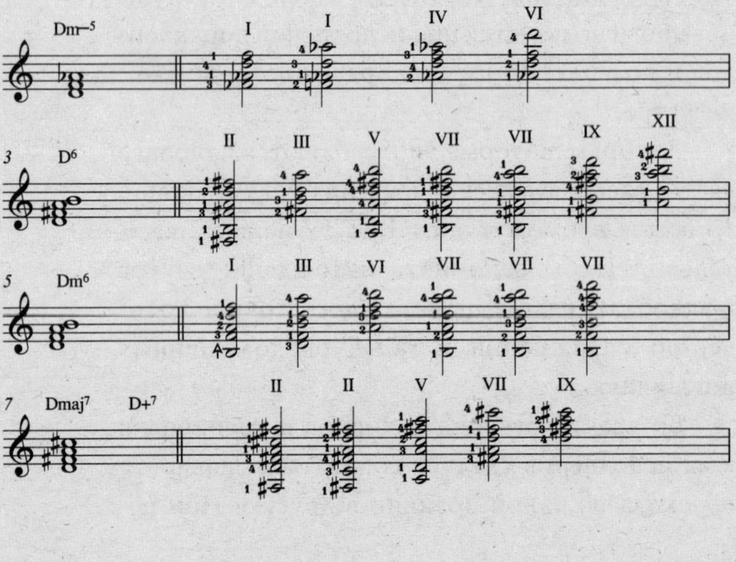

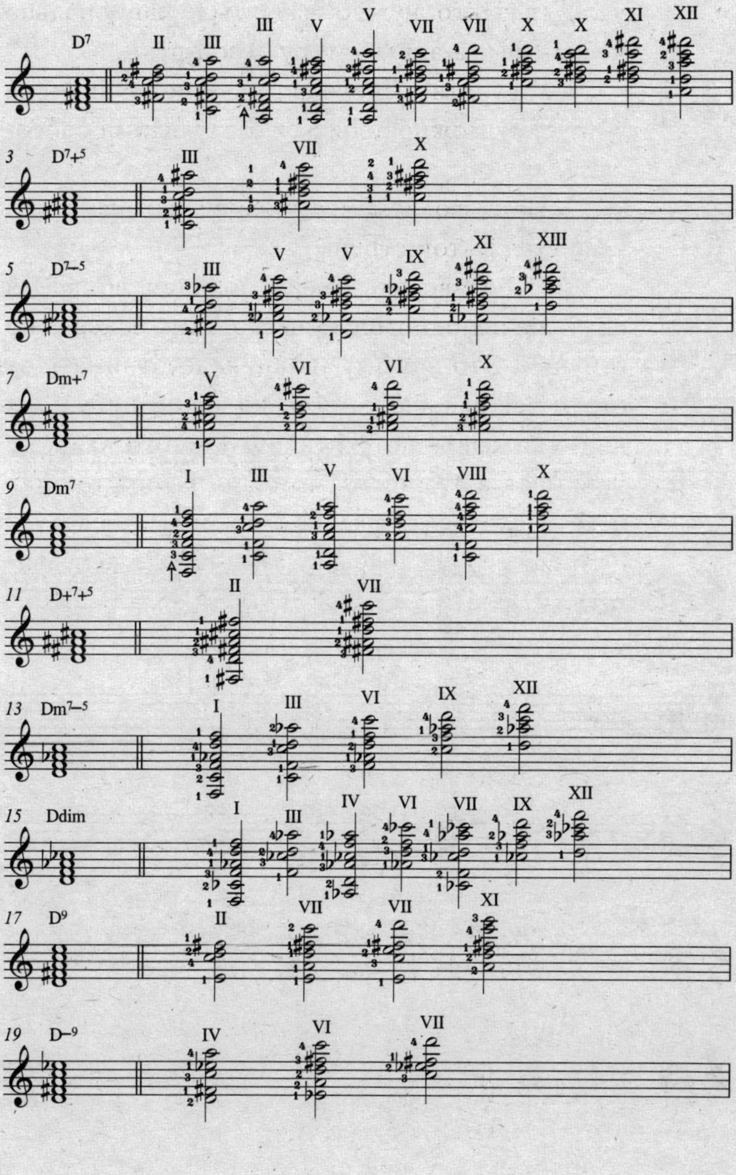
D7
II III III V V VII VII X X XI XII
3 D7+5
III VII X
5 D7–5
III V V IX XI XIII
7 Dm+7
V VI VI X
9 Dm7
I III V VI VIII X
11 D+7+5
II VII
13 Dm7–5
I III VI IX XII
15 Ddim
I III IV VI VII IX XII
17 D9
II VII VII XI
19 D–9
IV VI VII

E
II IV IV VII IX XII
3 Em
II III IV VII IX
5 E+5
I IV V VIII IX
7 Em–5
III III VI VIII
9 E6
II IV V VII IX IX
11 Em6
II V VIII IX IX IX
13 Emaj7 E+7
II IV IV VII IX
15 E7
I II IV V V VII VII IX IX
17 E7+5
V IX XII

E7–5
I I V VII VII
3 Em+7
II VII VIII VIII
5 Em7
II III V VII VIII X XII
7 E+7+5
IV IX
9 Em7–5
I III V VIII XI
11 Edim
II III V VI VIII IX XI XIV
13 E9
I II IV IX IX
15 E–9
I VI IX
17 F
I I III V V VIII X

Fm
I I III IV V VIII X
3 F+5
I II V VI IX X
5 Fm−5
IV IV VII IX
7 F6
I III V VI VIII X
9 Fm6
I III VI IX XII
11 Fmaj7 F+7
I III V V VIII X
13 F7
I I I II III V VI VIII VIII X
15 F7+5
I VI X
17 F7−5
II II VI VIII VIII
19 Fm+7
I I III VIII IX IX

Fm7
I I III IV VI VIII IX
3 F+7+5
I V X
5 Fm7–5
I I I IV VI IX XII
7 Fdim
I III IV VI VII IX XII
9 F9
I II III V X X
11 F–9
II VII X
13 G
III III V VII VII
15 Gm
III III V VI VII X
17 G+5
III IV VII VIII

Gm–5
VI VI IX
3 G6
II III V VII VIII X XII
5 Gm6
I III V VIII XI
7 Gmaj7 G+7
II III V VII VII X XII
9 G7
III III III IV V VII VIII X X XII
11 G7+5
III VIII
13 G7–5
II IV IV VIII X X
15 Gm+7
III III V
17 Gm7
I III III V VI VIII X XI
19 G+7+5
III VII

Gm7–5
II III III III VIII XI
3 Gdim
II III V VI VIII IX XI XIV
5 G9
II III IV V VII
7 G–9
IV
9 A
II V V IX IX
11 Am
II V V VII VIII IX
13 A+5
I II V VI IX X
15 A–5
I VIII VIII
17 A6
II II IV V VII IX X

Am6
I II II II V VII X
3 Amaj7 A7
II IV V VII
5 A7
II II V V V VI VII IX X
7 A7+5
II V X
9 A7–5
I IV VI VI X
11 Am+7
I I V V VII
13 Am7
I III V V VII X
15 A+7+5
II
17 Am7–5
I IV V V V X

Adim
I II IV V VII VIII X XIII
A9
II II IV V VI VII IX
A–9
I II VI
B
I III VI VI X X
Bm
I III VI VI VIII IX X
B+5
II III VI VII X XI
Bm–5
II IX IX
B6
I III III V VI VIII X XI

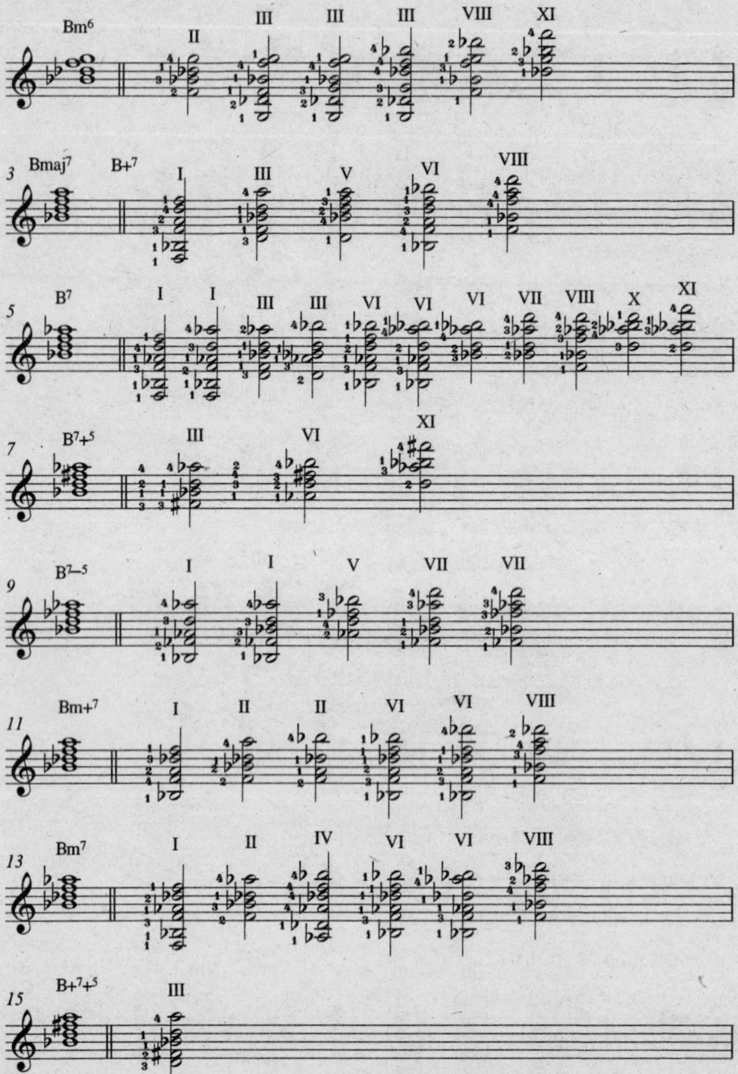
Bm6
II III III III VIII XI
3 Bmaj7 B+7
I III V VI VIII
5 B7
I I III III VI VI VI VII VIII X XI
7 B7+5
III VI XI
9 B7–5
I I V VII VII
11 Bm+7
I II II VI VI VIII
13 Bm7
I II IV VI VI VIII
15 B+7+5
III

Bm7–5
II V VI VI VI
Bdim
II III V VI VIII IX XI XI
B9
III III V VI VII VIII
B–9
II III VII
H
II IV VII VII
Hm
II IV VII VII IX X XI
H+5
III IV VII VIII
Hm–5
I III X X
H6
II IV IV VI IX XII
Hm6
III IV IV IV IX XII

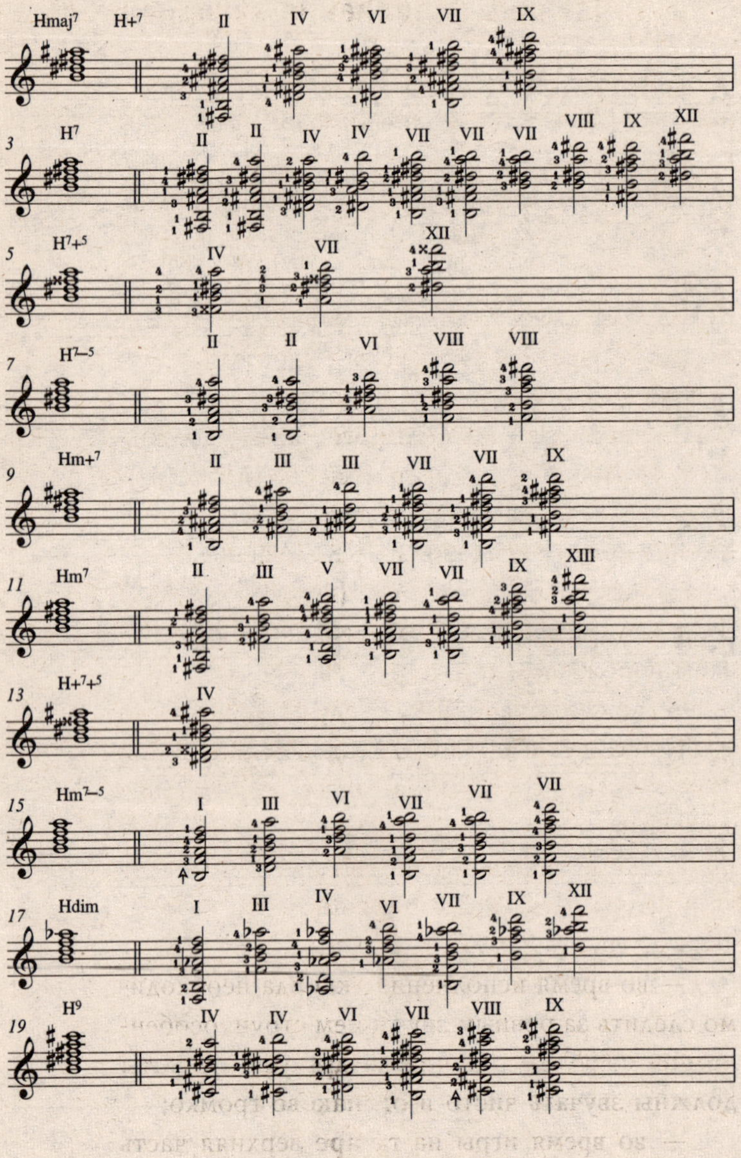
Hmaj7 H+7 II IV VI VII IX
3 H7 II II IV IV VII VII VII VIII IX XII
5 H7+5 IV VII XII
7 H7–5 II II VI VIII VIII
9 Hm+7 II III III VII VII IX
11 Hm7 II III V VII VII IX XIII
13 H+7+5 IV
15 Hm7–5 I III VI VII VII VII
17 Hdim I III IV VI VII IX XII
19 H9 IV IV VI VII VIII IX

Техника исполнения аккордов

Для того чтобы добиться хорошего звучания струн в аккорде, необходимо соблюдать некоторые правила:

— пальцы левой руки должны находиться на струнах, не касаясь соседних, более тонких струн;

— подушечка большого пальца левой руки во время игры располагается напротив указательного пальца;

— линия сустава большого пальца должна быть прямой и располагаться перпендикулярно по отношению к грифу, иначе все остальные пальцы примут неправильное положение;

— все пальцы левой руки (кроме большого) должны помещаться параллельно металлическим порожкам;

— прижимая струны, следует надавливать на гриф с двух сторон с одинаковой силой, при этом пальцы, исполняющие аккорд, не должны выгибаться;

— когда мизинец не участвует в исполнении аккордов, не надо прижимать его к ладони, удаляя тем самым от струн;

— во время исполнения аккорда необходимо следить за ровным звучанием струн, особенно при переходе с одной на другую; все ноты должны звучать чисто и одинаково громко;

— во время игры на гитаре верхняя часть ладони левой руки должна быть параллельна грифу и все время сохранять такое положение, несмотря на разную длину пальцев;

— не следует сильно надавливать большим пальцем левой руки на гриф; этот палец должен только обеспечивать устойчивость при беглом движении остальных пальцев;

— между ладонью левой руки и грифом всегда должен быть небольшой зазор, это поможет остальным пальцам двигаться более свободно;

— прижимать струну на грифе следует с такой силой, которая обеспечит хорошее звучание, но не большей;

— пальцы левой руки после снятия со струн необходимо держать на одинаковом расстоянии и недалеко от струн;

— при исполнении аккорда пальцы ставятся на струны и убираются быстрыми движениями, но без рывков.

Существует несколько правил смены аккордов:

— при смене аккордов, когда пальцы левой руки сближаются и разъединяются, следует стараться сохранять конфигурацию кисти;

— пальцы левой руки должны перемещаться одновременно;

— убирать пальцы со струн следует только в тот момент, когда настает очередь следующего аккорда;

— при перемещении пальцев левой руки не надо далеко удалять их от струн;

— переставлять пальцы левой руки следует по небольшой дуге;

— перестановка пальцев должна осуществляться быстрым и естественным движением, при этом не надо смотреть на гриф;

— во время игры на первой струне не следует прогибать кисть левой руки под гриф;

— при смене аккордов пальцы правой руки должны сохранять равномерность чередования.

Арпеджио

Арпеджио — это прием быстрого последовательного извлечения звуков аккорда или созвучия от нижнего к верхнему или в обратном порядке.

В нотной записи арпеджио обозначается волнистой вертикальной чертой, которая ставится непосредственно перед аккордом или созвучием, требующим подобного исполнения.

Чаще всего используется арпеджио, при котором звуки следуют от нижнего к верхнему. Если же требуется обратный порядок (от верхнего к нижнему), возле аккорда помещается специальное предупреждение.

Исполнение арпеджио подразумевает определенную аппликатуру пальцев правой руки. Существует несколько вариантов аппликатуры.

1. В том случае, если аккорд состоит из четырех звуков, из которых не все располагают-

ся на соседних струнах, звуки извлекаются четырьмя пальцами аналогично приему извлечения звуков при аккорде без арпеджио. Например, если звуки располагаются на 1, 2, 3 и 6-й струнах, а 4-я и 5-я струны не используются:

2. Если два или три нижних звука аккорда располагаются на соседних струнах (6, 5, 4-я), то их можно извлекать последовательным ударом по этим струнам большого пальца правой руки без задержки на каждой струне. Такой удар называется скользящим. Остальные струны защипываются другими пальцами.

3. Если все звуки аккорда располагаются на соседних струнах, то их можно извлечь скользящим ударом большого пальца.

Если исполнителю неудобно извлекать все звуки аккорда большим пальцем, можно использовать предыдущий вариант, то есть часть звуков извлечь большим пальцем, а оставшуюся часть — другими пальцами.

Аппликатура при извлечении звуков аккорда от верхнего к нижнему зависит от того, на каких струнах располагаются звуки аккорда. Их можно извлекать либо четырьмя пальцами правой руки, либо скользящим ударом среднего или безымянного пальца.

Арпеджио достаточно сложный для исполнения прием, поскольку необходимо соблюдать одинаковую громкость и длительность всех звуков аккорда. Осваивать арпеджио нужно в медленном темпе, постепенно наращивая его до максимально быстрого.

Скользящий удар

Техника этого приема заключается в скольжении одного и того же пальца (или нескольких пальцев) с одной струны на другую, не отрываясь от них. Получается даже не удар, а щипок, поскольку пальцы только касаются струн, а не ударяют по ним. Скольжение по струне производится параллельно грифу, после чего палец перемещается на другую струну, по которой тоже скользит в сторону.

Способы мелодической выразительности

В музыкальных произведениях часто используются способы дополнительной выразительности, придающие звучанию наиболее яркую окраску и позволяющие добиться самых разнообразных эффектов.

Легато

Легато называется плавный переход от одного звука к другому. В нотной записи для обозначения такого связанного исполнения используется дугообразная линия (лига), охватывающая группу различных по звучанию нот (не путать с лигой, охватывающей одинаковые по звучанию ноты). Иногда вместо лиги пишется слово legato.

При игре на гитаре лига означает определенный прием извлечения звуков, который заключается в том, что при исполнении залигованных нот правой рукой извлекается только первый звук, а остальные звуки извлекаются пальцами левой руки.

Это возможно в том случае, когда все залигованные ноты исполняются на одной струне.

Пальцем правой руки извлекается первый звук (нота ми на 1 струне). После выдерживания определенной длительности ноты ми надо резко опустить указанный в аппликатуре палец левой руки на лад с требуемой нотой. От удара подушечкой пальца левой руки по струне возникнет звук, плавно переходящий из предыдущего.

Для того чтобы почувствовать разницу в звучании, можно последовательно извлечь ноту ми и фа-диез обычным способом (то есть извлечь оба звука пальцем правой руки), а затем приемом легато.

Если ноты залигованы попарно, после исполнения ноты фа-диез следующую ноту (фа) надо извлечь пальцем правой руки, а идущую за ней ноту соль — резким опусканием на струну пальца левой руки.

Если залигованы четыре ноты, то правой рукой извлекается только первый звук, а все остальные звуки должны прозвучать в результате последовательного резкого опускания на струну пальцев левой руки. Приемом легато могут проигрываться ноты, располагающиеся на следующих друг за другом ладах, и ноты, располагающиеся через лад. Проигрывание нот от нижней к верхней называется восходящим легато. Проигрывание нот от верхней к нижней называется нисходящим легато.

При нисходящем легато указанный в аппликатуре палец левой руки должен стоять на нужном ладу. Пальцем правой руки извлекается звук соль. После выдерживания его длительности надо поставить палец левой руки на лад со следующей нотой (фа-диез) и быстро снять палец с лада предыдущей ноты (соль), чтобы дать возможность прозвучать новому звуку.

Снимать палец следует таким образом, чтобы его подушечка слегка зацепилась за струну. Добиться этого можно в результате легкого сгибания пальца.

Если залиговано больше двух нот, первый звук извлекается пальцем правой руки, а последующие должны прозвучать в результате снятия с ладов пальцев левой руки.

При исполнении легато важно следить за тем, чтобы выдерживалась указанная длительность всех нот и все звуки были одинаковой громкости.

Легато используется как при извлечении отдельных звуков, так и созвучий, что гораздо труднее для исполнения. Созвучия обозначаются одной лигой.

Стаккато

Стаккато называется отрывистый переход от звука к звуку. Этот прием осуществляется методом глушения звуков, в результате которого они утрачивают часть указанной длительности, что приводит к более резкому звучанию.

В нотной записи стаккато обозначается точкой, располагающейся над или под нотой или аккордом. Иногда вместо точки пишется слово staccato.

Способы глушения зависят от того, как извлекаются звуки — пальцами или медиатором.

При игре пальцами после извлечения звука те же пальцы правой руки нужно приложить к соответствующим струнам. При игре медиатором, чтобы приглушить отдельные звуки, нужно приложить медиатор к струне, из которой был извлечен данный звук.

Существует несколько способов глушения аккордов.

1. Звуки аккорда могут заглушаться в результате значительного ослабления давления пальцев левой руки, прижимающих струны к ладам. При этом пальцы не должны быть сняты со струн полностью.

2. При значительной длительности звучания аккорда он может быть заглушен прикосновением к струнам края ладони правой руки в области лучезапястного сустава.

3. Глушение звучания можно осуществлять путем объединения первого и второго вариантов.

Глиссандо

Глиссандо называется скользящий переход от одного звука к другому. В нотной записи глиссандо обозначается ровной линией, проведенной от одной ноты к другой.

При исполнении приема глиссандо правой рукой извлекается первый звук (в нашем случае это нота соль), выдерживается определенная длительность звучания, после чего палец левой руки, зажимающий струну на соответствующем ладу, не отрываясь от струны, должен быстро переместиться (скользнуть) на нужный лад. В этот же момент пальцем правой руки надо извлечь второй звук (нота ля).

Если знак глиссандо стоит между залигованными нотами, то правой рукой извлекается первый звук (нота соль), а второй звук (нота ля) прозвучит в результате вибрации струны, вызванной скольжением по ней пальца левой руки.

Глиссандо, так же как и легато, может быть восходящее и нисходящее. Но в отличие от легато разница в исполнении восходящего и нисходящего глиссандо заключается только в направлении движения пальцев левой руки.

Помимо отдельных звуков, приемом глиссандо могут быть исполнены созвучия.

Тремоло

Тремоло — это быстрое многократное повторение одного и того же звука. Обычно при исполнении тремоло на одной струне для извлечения звуков используется следующая последовательность пальцев правой руки: безымянный, средний, указательный.

Однако возможны и другие варианты чередования пальцев.

Большой палец правой руки при приеме тремоло не используется.

Вибрато

Вибрато — это небольшие колебания звука. Прием осуществляется незначительным перемещением (покачиванием) левой руки вдоль линии грифа в момент прижатия струн к ладам пальцами этой руки.

Этот прием также называется вибрацией и используется в случаях, когда звуку требуется придать мелодичность и плавность.

Правильное выполнение этого приема достигается в результате длительных тренировок.

Мелизмы

Мелизмы — еще одна разновидность мелодических украшений, представляющая собой небольшие мелодические фигуры определенной формы.

В нотной записи мелизмы обозначаются либо более мелкими, по сравнению с основными, нотами, либо специальными условными знаками.

При исполнении мелизмов на гитаре практически всегда используется прием легато.

Форшлаги

Короткий форшлаг, который также называется перечеркнутым, поскольку в нотной записи обозначается мелкой нотой с перечеркнутым штилем, ставящейся перед одиночными нотами, нотами аккорда или созвучия.

Форшлаг может состоять как из одной, так и из нескольких нот.

Длительность короткого форшлага очень незначительна и при определении тактового размера не учитывается, поскольку он исполняется за счет длительности основной ноты, с которой соединяется лигой. Если нота форшлага и основная нота находятся на разных струнах, то лига между ними не ставится.

Если нота форшлага стоит перед одиночной нотой, то он исполняется за счет длительности предшествующей основной ноты.

Если нота форшлага стоит перед нотами аккорда или созвучия, то в большинстве случаев она исполняется за счет длительности последующей основной ноты (как правило, верхней). При исполнении аккорда или созвучия вместе с остальными звуками вместо ноты с форшлагом сначала извлекается звук форшлага, а основная нота исполняется чуть позднее.

К мелизмам также относятся: долгий **форшлаг** (или неперечеркнутый), который обозначается мелкой нотой с неперечеркнутым штилем и звучит чуть длиннее, чем короткий форшлаг; одинарный мордент; двойной мордент; одинарный перечеркнутый мордент; двойной перечеркнутый мордент; группетто, имеющее несколько разновидностей; трель. Они очень сложны и фактически применяются только в профессиональном исполнении.

Помимо этого, к приемам мелодической выразительности, или украшениям, относятся пиццикато, тамбора, пульгар, расгеадо. Они не требуют изучения, но их следует знать и применять при игре на гитаре.

Пиццикато [pizzicato]

Во время этого приема изменяется тембр звучания струн. Звуки приглушаются и становятся отрывистыми, что производит определенный эффект во время игры на гитаре. Чтобы выполнить пиццикато, правая рука располагается почти у правой подставки и слегка прижимается к струнам. В это время большим пальцем извлекаются звуки. В нотной записи пиццикато обозначается сокращенно pizz.

Если перемещать правую руку в сторону грифа, то извлекаемые звуки будут менять свой тембр, становясь более мягкими и бархатными. Если начать передвигать руку к подставке, то звук станет более резким и глухим. Изменения тембра используют, если в игре два раза повторяется одна фраза. Один раз ее можно сыграть у грифа, а другой — возле подставки или наоборот. Последовательность зависит от исполнителя, его вкусов и предпочтений.

Тамбора [tambora]

Этот прием имитирует звучание тамбурина. Для этого надо большим пальцем правой руки ударить возле подставки по всем струнам сверху вниз. Чтобы получить более яркое звучание, следует вложить в удар большим пальцем всю тяжесть кисти правой руки. Касание струн нужно производить быстро, после чего руку убрать и предоставить струнам звучать свободно.

Пульгар [pulgar]

Этот прием выполняется подушечкой большого пальца правой руки, которой нужно провести по всем струнам, от 6-й до 1-й. В нотной записи пульгар обозначается стрелкой, направленной вверх.

Расгеадо [rasqueado]

Этот прием исполняется ударом четырьмя пальцами правой руки по нескольким или всем струнам. Расгеадо исполняется двумя способами, которые называются frise и index. При первом способе удар производится четырьмя пальцами по всем струнам, от 6-й до 1-й. При этом происходит сильное акцентирование. При втором способе удар выполняется указательным пальцем правой руки по струнам, от 1-й к 6-й.

Флажолеты

Флажолет — звук со своеобразной тембровой окраской, который возникает в результате разделения струны пальцем левой руки на две равные или различные части. Флажолеты подразделяются на натуральные и искусственные.

Для извлечения натурального флажолета на 1 струне надо строго посередине струны, то есть над порожком XII лада, положить подногтевую часть 3-го пальца левой руки. При этом палец должен не прижимать струну, а только слегка соприкасаться с ней. Правой рукой нужно извлечь звук и практически одновременно с этим приподнять палец левой руки.

Если флажолет не звучит или звучит слишком тихо, возможно, при его исполнении были допущены следующие ошибки:

— палец расположен не строго над порожком лада;

— вместо легкого прикосновения палец прижимает струну;

— палец снимается со струны преждевременно или слишком поздно.

После того как будет освоено исполнение флажолета на XII ладу, то есть он будет звучать громко и ярко, описанную выше операцию надо проделать на VII ладу (третья часть струны), а потом на V (четвертая часть струны). Флажолеты могут извлекаться и на других ладах, но они либо тождественны по звучанию флажолетам на XII, VII и V ладах, либо слишком невыразительны.

В нотной записи натуральные флажолеты обозначаются либо русским, либо латинским написанием: Фл. 12 (arm. 12), Фл. 7 (arm. 7), Фл. 5 (arm. 5). Цифра указывает на лад, на котором нужно исполнить флажолет. Обозначение флажолета ставится над или под нотным станом.

Натуральный флажолет на XII ладу звучит на октаву выше звука открытой струны, на которой он исполняется, поэтому он называется октавным флажолетом.

Натуральный флажолет на VII ладу звучит выше открытой струны на октаву и чистую квинту — квинтовый флажолет.

Натуральный флажолет на V ладу звучит на две октавы выше открытой струны и также называется октавным флажолетом.

Флажолеты можно извлекать одновременно из нескольких струн. В нотной записи обозначение такого флажолета распространяется только на ноты, объединенные одним штилем.

При двуштильной записи, когда требуется исполнение флажолетом нот со штилем вверх и нот со штилем вниз, обозначение флажолета ставится над и под нотным станом.

Искусственные флажолеты получаются в том случае, если извлекаются из струны, прижатой на каком-либо ладу. Поскольку в основе принципа флажолета лежит разделение струны на две части разного размера, то, если струна будет прижата, например, на I ладу, ее середина сместится с порожка XII лада на порожек XIII лада.

Искусственные флажолеты исполняются не левой, а правой рукой, так как левая рука в момент исполнения приема прижимает струну к ладам. Прижав пальцем левой руки струну на I ладу, подногтевой частью указательного пальца правой руки нужно слегка прикоснуться к струне над порожком XIII лада, а звук извлечь мизинцем или безымянным пальцем.

Для того чтобы искусственный флажолет звучал в полную силу, указательный палец правой руки нужно снимать со струны непосредственно в момент извлечения звука.

При игре на гитаре наиболее часто используются октавные искусственные флажолеты.

В нотной записи искусственные флажолеты обозначаются двумя способами.

1. Если нужно сыграть один звук или небольшое количество следующих один за другим звуков, нотой показывается, на каком ладу стру-

на должна быть прижата пальцем левой руки. Фактическая высота этого звука указывается не обычной овальной, а ромбовидной нотой, определяющей, над порожком какого лада необходимо приложить к струне указательный палец правой руки.

2. В случае когда требуется сыграть большое количество следующих один за другим звуков, дается либо русское, либо латинское обозначение, например: октавные флажолеты (arm. octavados).

Извлечение звука медиатором

Способ извлечения звука медиатором, как правило, применяется профессиональными музыкантами. При его использовании звучание аккордов приобретает специфичный характер, подчеркивающий ритмический рисунок музыкального произведения, придавая ему своеобразную окраску. Целесообразно использовать медиатор, если требуется извлекать короткие отрывистые звуки.

Медиатор — небольшая пластмассовая пластина яйцевидной или треугольной формы. Профессиональные медиаторы изготавливаются из черепаховой кости.

Размер и форма медиатора подбирается с учетом индивидуальных особенностей исполнителя и техники исполнения (размера рук, силы удара по струнам и т. д.). Толщина медиатора составляет примерно 1,5–2 мм. При игре слишком тонким медиатором возникает неприятный треск, а слишком толстый медиатор затрудняет звукоизвлечение.

В нижней обуженной части край медиатора, которым осуществляется звукоизвлечение, должен быть немного сточен с обеих сторон и хорошо отшлифован. Недопустимо наличие сколов и зазубрин.

Отшлифовать медиатор можно самостоятельно с помощью мела или древесного угля, положенного на небольшой кусочек мягкой материи.

Нижняя часть медиатора не должна быть ни слишком острой, ни чрезмерно широкой, что затруднит звукоизвлечение.

На верхнюю широкую часть медиатора можно нанести небольшие точечные насечки, которые будут препятствовать выскальзыванию медиатора из руки.

Медиатор следует располагать между большим и указательным пальцами правой руки. Во время игры он должен лежать на сгибе правого сустава указательного пальца. Остальные пальцы нужно подобрать таким образом, чтобы кончиками последних фаланг не задевать за струны.

Во избежание задевания за струны пальцев и кисти руки не рекомендуется сжимать медиатор слишком крепко.

При извлечении звука медиатором правая рука должна соприкасаться с корпусом немного правее, чем при извлечении звуков пальцами, но положение кисти должно оставаться таким же.

При игре медиатором звуки аккордов следует располагать таким образом, чтобы каждый последующий звук можно было извлекать из соседней струны. При другом расположении звуков аккорда исполнение музыкального произведения медиатором невозможно.

Извлечение звука происходит в результате удара медиатором по струнам в направлении от нижних звуков аккорда к верхним. Рука при этом движется сверху вниз.

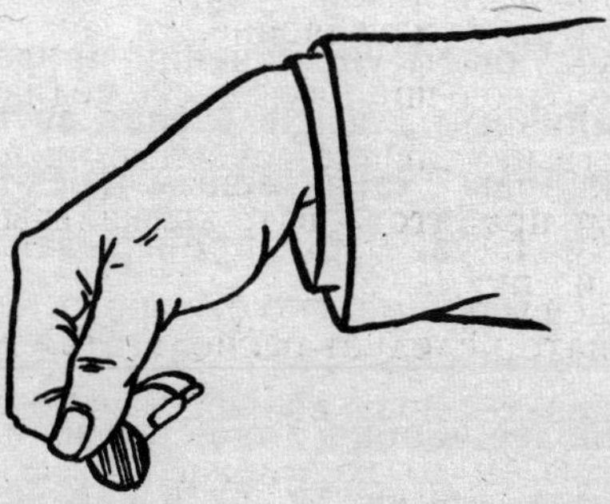

Для правильного извлечения звуков медиатором необходимо производить достаточно резкие и быстрые движения кистью с учетом характера исполняемого произведения и указанной длительности аккордов. Чем короче длительность аккорда, тем стремительнее должно быть движение кисти. Выполняя следующее упражнение, нужно перед каждым ударом по струнам перемещать нижний конец медиатора между 5-й и 6-й струной, одновременно нанося удар. Звуки должны быть равномерными и одинаковыми по громкости.

В том случае, если требуется извлечь короткий звук или сделать паузу во время исполнения, следует ослабить прижатие струн к ладам пальцами левой руки, не снимая их полностью, как при первом варианте исполнения приема стаккато.

Приведенное выше упражнение следует проигрывать в двух вариантах: с обычным извлечением звуков медиатором и с глушением их с помощью пальцев левой руки.

В следующем упражнении приведены наиболее типичные для извлечения звуков медиатором аккорды с характерным чередованием аккордов и пауз. При проигрывании нужно добиваться максимально быстрого темпа исполнения.

Наиболее удобны для исполнения медиатором аккорды из шести, пяти или четырех звуков. Кроме того, такие аккорды звучат наиболее выразительно.

При написании партии гитары с расчетом на исполнение медиатором указываются только ноты, отражающие строение аккорда. Способ расположения нот по отношению друг к другу и удвоение аккордовых тонов для получения шести-, пяти-, или четырехнотного аккорда исполнитель определят по собственному усмотрению, учитывая тот факт, что ноты должны располагаться на соседних струнах. Поэтому часто вместо подробного расписывания аккордов указывается только их буквенно-цифровое обозначение. В пределах одного или нескольких тактов буквенно-цифровое обозначение сохраняет свою силу до появления нового обозначения. В этом случае на нотном стане помещаются не ноты, а косые черточки, показывающие, на какую долю такта приходится обозначенный аккорд.

Извлекать звуки медиатором можно несколькими способами. От варианта звукоизвлечения зависит окраска звучания.

1. Левая рука располагается таким образом, чтобы можно было извлечь максимальное количество звуков в указанном аккорде.

При извлечении шести звуков на первую (сильную) долю такта исполняется 3–4 звука из нижних звуков аккорда, а на вторую (слабую) — 3–4 звука из верхних. В процессе дальнейшего исполнения выбранное количество звуков повторяется.

2. Аккорд на первой доле такта исполняется без глушения звуков с помощью пальцев левой руки плавными движениями кисти правой руки (по принципу арпеджио), а аккорд на второй — со снятием пальцев левой руки с ладов, отрывисто, стремительным движением кисти правой руки. Принцип извлечения звуков сохраняется на протяжении всего исполнения.

Такой прием хорош для исполнения произведений, имеющих не слишком быстрый темп.

3. Тембровые оттенки в звучании аккордов могут быть достигнуты в результате ударов медиатором в разных точках струны. Например, один удар выполняется около ближнего к подставке края розетки, а другой — около грифа.

4. В произведениях, имеющих быстрый темп, исполнение аккордов в некоторых ритмических фигурах возможно только при использовании чередования движения кисти правой руки вниз и вверх. В этом случае все аккорды, приходящиеся на первую долю такта, исполняются без глушения, а аккорды, приходящиеся на вторую долю такта, — отрывисто.

Ударом медиатора с движением кисти правой руки вверх можно извлекать и шесть звуков, и три-четыре звука аккорда (что гораздо сложнее).

При проигрывании музыкального произведения в быстром темпе отрывистое исполнение возможно только в том случае, если звуки аккорда извлекаются на струнах, прижатых к ладам пальцами правой руки, поскольку только в таком положении можно осуществлять их глушение.

Чередование ударов медиатором вверх и вниз облегчает исполнение отдельных нот малой длительности. Извлечение звуков аккорда на неприжатых струнах или на неприжатых в сочетании с прижатыми возможно, только если аккорды имеют достаточную длительность.

В некоторых случаях ноты, имеющие большую длительность, могут быть исполнены методом извлечения звука одним ударом медиатора.

Для достижения специфичного эффекта звучания ноты с большой длительностью могут быть исполнены методом быстрого чередования ударов медиатора по струне на протяжении всей длительности этой ноты (как уже говорилось в предыдущем разделе, такой прием называется «тремоло»).

Одним из самых эффективных упражнений для овладения приемом извлечения звуков медиатором и развития техники является проигрывание гамм с применением при их исполнении чередования ударов медиатором вверх и вниз.

Как работать над музыкальным произведением

Чтобы исполнение музыкального произведения было совершенным, следует тщательно над ним работать, исправлять все ошибки и тренироваться до тех пор, пока произведение не будет проигрываться без запинок. Произведение на самом деле считается окончательно выученным, если его исполнение прозвучит без единой ошибки.

Разучивание музыкального произведения следует начинать с разборки нотной записи. Сначала надо обратить внимание, поставлены ли при ключе какие-либо знаки альтерации. Надо постараться их запомнить, поскольку они будут действовать на протяжении всего произведения. Помимо знаков альтерации, следует посмотреть на размер произведения и определить, как будет производиться ритмический отсчет.

После того как будут рассмотрены знаки альтерации и размер, можно приступить к тщательному разбору первого такта, проигрываются все ноты, входящие в его состав, и разучиваются. Эти ноты следует играть в соответствии с их длительностью, для чего рекомендуется вести свой собственный отсчет.

Следующим этапом станет разбор второго такта. Необходимо так же, как и в первом такте, разобрать все ноты, чтобы не остался не понятым ни один момент. После этого надо соединить первый и второй такты и слаженно их отыграть. Необходимо репетировать их исполнение до тех пор, пока оно не будет звучать уверенно и без ошибок и запинок.

Когда будет хорошо разучено исполнение двух тактов, можно приступать к разбору нот третьего такта. Добившись уверенного исполнения, следует соединить все три такта вместе и отработать слаженное, безошибочное исполнение всех выученных нот, после этого приступить к разбору четвертого такта и так до конца произведения.

Заучивать наизусть музыкальное произведение следует по частям и только после того, как будут разобраны и поняты все моменты. Для закрепления выученного следует проигрывать на память отдельные фрагмены произведения до тех пор, пока пальцы не станут перемещаться по струнам автоматически.

Приложение

Песни известных исполнителей (с буквенно-цифровыми обозначениями аккордов для гитары)

Л. Агутин. «Хоп, хэй, лай-ла лэй»

```
   Am                         G
1. Все так и не так, и мир как-будто бы пустяк,
       F                      E
   Но кто-то скажет: что за черт — ни дома, ни гроша.
   Все так, как всегда, просто счастье и беда,
   Но кто-то скажет: не везет — пропащая душа.
Припев:
       F          E
     Ночь не спасает до утра,
           Dm    F                    E
     Но снова день на синем побережье неба...
      Am                      G          E
     Хоп, хэй, лай-ла лэй, где вопросы, где ответ.
     Хоп, хэй, лай-ла лэй, что ни говори.
     Хоп, хэй, лай-ла лэй, то ли верить, то ли нет,
     Хоп, хэй, лай-ла лэй, но Бог тебя хранит.
2. Весь мир за окном,
   Чужая жизнь тебе не дом,
```

И твой сапог в пыли дорожной утонул опять.
Сны так далеко,
Ты расстанешься легко,
Но кто-то скажет: сколько можно ничего не ждать?
Припев.

Группа «Аквариум». «Город»

```
      Am
1. Под небом голубым есть город золотой
        Dm                      E
С прозрачными воротами и яркою звездой.
    Am
А в городе том сад, все травы да цветы,
   Dm           E       Am
Гуляют там животные невиданной красы.
   A7              Dm
Одно, как желтый огнегривый лев,
     G7          C
Другое — вол, исполненный очей.
  Dm                      E
С ними золотой орел небесный,
 Dm                         E  Am
Чей так светел взор незабываемый.
```

2. А в небе голубом горит одна звезда.
Она твоя, о ангел мой, она твоя всегда.
Кто любит, тот любим, кто светел, тот и свят,
Пускай ведет звезда тебя дорогой в дивный сад.
Тебя там встретит огнегривый лев
И синий вол, исполненный очей.

С ними золотой орел небесный,
Чей так светел взор незабываемый.

Группа «Ария». «Без тебя»

```
   Em    D          Em                H7
1. Снова брошен в окна лунный свет,
  Em          D           C          Em
   Дом мой сонный серебром одет.
Затакт: Am, Em, H7, Am, Em, H7.
   Лунной кисти не достичь глубин —
   Эту бездну знаю я один.
Припев:
       G                 D
     Все, все, как вчера.
       G                 D
     Все, все, как вчера.
       G                Am
     Все, все, как вчера.
                   H7
     Но без тебя...
2. Ревность, жалость, словно заодно.
   Птицей скорби падаю на дно.
Припев.
```

Группа «Ария». «Беспечный ангел»

```
Затакт: Dm#, H, F#.
  (F#)   Dm#                        H               F#
1. Этот парень был из тех, кто просто любит жизнь.
```

Dm# H C#
Любит праздники и громкий смех, пыль дорог
и ветра свист.
H F# C# Dm#
Он был везде и всегда своим, влюблял в себя
целый свет.
H F# H C#
И гнал свой байк, а не лимузин, таких друзей
больше нет.
И в гостиной при свечах он танцевал, как бог.
Но зато менялся на глазах, только вспомнит
шум дорог.
Все, что имел, тут же тратил, и, за порог сделав шаг,
Мой друг давал команду братьям,
вверх поднимая кулак.

Припев:

Dm# H C#
Ты летящий вдаль, вдаль ангел.
Dm# A#7 Dm#
Ты летящий вдаль, вдаль ангел.
H C# H C#
Ты один другом, друг, был во все времена —
не много таких среди нас.
Dm# H F#
Ты летящий вдаль беспечный ангел.

2. Под гитарный жесткий рок, который так любил,
На «харлее» он домчать нас мог до небес
и звезд любых.
Но он исчез, и никто не знал, куда теперь
мчит его байк.
Один бродяга нам сказал, что он отправился в рай.

Припев:

Ты летящий вдаль, вдаль ангел.

Ты летящий вдаль, вдаль ангел.

Но сто союзников рая в ту ночь против тебя одного.

Ты летящий вдаль беспечный ангел.

Dm# H C

Ты летящий вдаль беспечный ангел.

Группа «Белая гвардия». «Комната»

C Am

1. Я в этой комнате жила,

Dm G

Садилась в кресло и смотрела

C Am

На острый краешек стола,

Dm G

Где лампа рыжая горела.

Я приходила и лгала,

И пела, и вязала свитер.

И где ж я столько слов брала,

Таких ненужных и избитых?

2. Казался лишним каждый звук,

Несвоевременным дыхание,

Началом всех земных разлук

Казалось каждое свидание.

Под потолком качался шар,

Уже почти не пахла елка,

Дуэт расстроенных гитар

Молчал в углу за книжной полкой.
3. И все не так, и все не то:
То он чужой, то я чужая.
Снимаю с вешалки пальто.
До остановки провожает.
Он жив, и я едва жива.
Стихи зачеркнуты в тетради.
А в это кресло кто-то сядет
И будет говорить слова.
4. Сначала разобьется шар,
Потом порвется старый свитер.
И мы, друг другом позабыты,
Уйдем по грифам двух гитар.

Группа «Воскресенье». «О чем поет ночная птица»

```
         Em           H7
  О чем поет ночная птица
Em         C            D
  Одна в осенней тишине?
          Em               H7
  О том, с чем скоро разлучится
Em         C       Am       E
  И будет видеть лишь во сне.
              Am                D
  О том, что завтра в путь неблизкий,
              Hm          Em
  Расправив крылья, полетит.
C             Am              H7
  О том, что жизнь глупа без риска
```

Em C D
И правда все же победит.
Ночные песни птицы вещей
Мне стали пищей для души.
Я понял вдруг простую вещь:
Мне будет трудно с ней проститься.
Холодным утром крик последний
Вдруг бросит в сторону мою.
Ночной певец, я твой наследник,
Лети, я песню допою.

В. Высоцкий. «Баллада о любви»

Затакт: Am, Am+5, Am.

Am Dm
1. Когда вода всемирного потопа
F7 E7
Вернулась вновь в границы берегов,
Am Dm
Из пены уходящего потока
Am
На сушу тихо выбралась Любовь
Dm Am
И растворилась в воздухе до срока,
Dm E7 E
А срока было — сорок сороков...
Am Dm
И чудаки — еще такие есть —
E7 E Am Am+5
Вдыхают полной грудью эту смесь

A A7 Dm
И ни наград не ждут, ни наказанья.
H E7 E
И, думая, что дышат просто так,
H E7 E
Они внезапно попадают в такт
Dm E7 E E7
Такого же — неровного — дыхания.
Припев:
Am Dm
Я поля влюбленным постелю —
E7 E E7 E Am 5+ 5+
Пусть поют во сне и наяву!
Dm Dsus Am 5+ 5+
Я дышу, и значит, я люблю!
F7 E7 E Am
Я люблю, и значит, я живу!

2. И много будет странствий и скитаний:
Страна любви — великая страна!
И с рыцарей своих для испытаний
Все строже станет спрашивать она:
Потребует разлук и расстояний,
Лишит покоя, отдыха и сна...
Но вспять безумцев не поворотить —
Они уже согласны заплатить
Любой ценой и жизнью бы рискнули,
Чтобы не дать порвать, чтоб сохранить
Волшебную невидимую нить,
Которую меж ними протянули.
Свежий ветер избранных пьянил,
С ног сбивал, из мертвых воскрешал,

Потому что если не любил,
Значит, и не жил, и не дышал!
3. Но многих захлебнувшихся любовью
Не докричишься — сколько не зови,
Им счет ведут молва и пустословие,
Но этот счет замешен на крови.
А мы поставим свечи в изголовье
Погибших от невиданной любви...
И душам их дано бродить в цветах,
Их голосам дано сливаться в такт,
И вечностью дышать в одно дыхание,
И встретиться — со вздохом на устах —
На хрупких переправах и мостах,
На узких перекрестках мироздания.
Припев.

В. Высоцкий. «Песня о друге»

```
          Am                E7
1. Если друг оказался вдруг
                           Am
И не друг и не враг, а так...
       A7           Dm
Если сразу не разберешь,
 G7      C       E7
Плох он или хорош,
         Am              Dm6
Парня в горы тяни — рискни,
                       Am
Не бросай одного его,
```

Dm6 E7
Пусть он в связке в одной с тобой —
Am
Там поймешь, кто такой.

2. Если парень в горах не ах,
Если сразу раскис и вниз,
Шаг ступил на ледник и сник,
Оступился и в крик,
Значит, рядом с тобой чужой,
Ты его не брани — гони:
Вверх таких не берут и тут
Про таких не поют.

3. Если ж он не скулил, не ныл,
Пусть он хмур был и зол, но шел,
А когда ты упал со скал,
Он стонал, но держал,
Если шел за тобой, как в бой,
На вершине стоял хмельной,
Значит, как на себя самого,
Положись на него.

Группа «ДДТ». «Осень»

Am E Am
1. Что такое осень? Это небо,
A Dm
Плачущее небо под ногами —
Dm Am
В лужах разлетаются птицы с облаками.

E Am A
Осень, я давно с тобою не был.
Dm Am
В лужах разлетаются птицы с облаками,
E Am
Осень, я давно с тобою не был.

Припев:

Am F Dm E
Осень. В небе жгут корабли.
Am F Dm E
Осень. Мне бы прочь от земли.
G Dm E
Там, где в море тонет печаль,
Dm E
Осень, темная даль.

2. Что такое осень? Это камни,
Вечность над чернеющей Невою.
Осень, ты напомнила душе о самом главном.
Осень, я опять лишен покоя.

Припев.

3. Что такое осень? Это ветер
Вновь играет рваными цепями.
Осень, доползем ли, долетим ли до ответа,
Что же будет с родиной и с нами?
Осень, доползем ли, доживем ли до рассвета,
Что же будет завтра с нами?

Припев:

Тает стаей город во мгле.
Осень, что я знал о тебе?
Сколько будет рваться листва?
Осень вечно права.

И. Желанная. «Колыбельная»

```
       Gm  Cm      Bb
1. Не такое нынче утро,
        F       Gm
   Чтобы белое вплетать
         Cm      Bb     F
   В косы русые по пояс.
   Не такой сегодня праздник,
   Чтобы руки в жемчуга,
   Чтобы бисером узоры.
2. Не такой сегодня вечер,
   Чтоб дымились пироги
   За весельем да застольем.
   А такая нынче ночка,
   Что до первых петухов
   Не увижу звезд на небе.
3. А такая нынче ночь,
   Что до самого утра
   Я повыплачу все слезы.
   А такая нынче ночь,
   Что я матушке пою
   Колыбельную немую.
```

Земфира. «Аривидерчи»

```
Dm                 E
1. Вороны-москвички меня разбудили,
Dm                 E
   Промокшие спички надежду убили.
```

Am F Dm E
Курить, значит, буду
Am F Dm E
Дольше жить, значит, будем
F G C
Корабли в моей гавани жечь,
E F G C
На рубли поменяю билет,
E F G C
Отрастить бы до самых до плеч.
E Dm
Я никогда не вернусь
Fm
Домой.

2. С тобой мне так интересно, а с ними не очень.
Я вижу, что тесно, я помню, что прочно.
Дарю. Время, видишь,
Я горю, кто-то спутал
И поджег меня. Ариведерчи.
Не учили в глазок посмотреть...
И едва ли успеют по плечи...
Dm
3. Я разобью турникет
Fm Dm
И побегу по своим...
E Am
Обратный change на билет.
F C
Я буду ждать, ты звони.
Dm E
Мои обычные в шесть. Я стала старше на жизнь.

Dm E
Наверное, нужно учесть...
F G C
Корабли в моей гавани.
E F G C
Не взлетим, так поплаваем.
E F G C
Стрелки ровно на два часа
E F G A
Назад.
В моей гавани
Не взлетим, так поплаваем.
Стрелки ровно на два часа
Назад.

Земфира. «Город»

Dm Gm
1. Город грустил со мной,
A
Летел за мною следом
Dm
Снегом вчерашним.
Gm C Fm
Старые кассеты, откровения,
Bm C
До одурения вспоминала,
Fm
Как летала.
Bm C
Твои картинки мне глаза сожгли.

Bm Gm C
Домой слишком рано и пусто,
Bm Gm C
С тобой слишком поздно и грустно.
Bm C
Дышать, не мешать.
F# F
Странный чай, не скучай.

2. Люди такие жадные пуляли взгляды,
Рядом бежали снов отрывки.
С самым Новым годом
Я разошлю открытки
Светлым незнакомым.
Я их по запахам узнаю по влюбленным.
Позже мое такси скользило мимо светофоров.
Упрямо прятал тайны в темных окнах город,
Катились звезды, прожигая в небе дыры,
С ума сходили перекрестки.

Группа «Иваси». «Бережка реки»

D F#m7
1. Ах, как приятно протянуть свои конечности,
Fm7 Em7 A7
Свои конечности, свои конечности
D F#m7
И пораздумывать часок-другой о вечности,
Fm7 Em7 F#7
Часок о вечности, другой о вечности.

Припев:

Hm G D
Мигая мне фонариком,
C#m7/-5 F#7 Hm /A
Плывет баржа,
G E7/G# D/A
А следом три пескарика
D A7 D
И два моржа.

2. А в двадцати пяти шагах водица плещется,
Водица плещется, водица плещется.
И в темноте не то зовут, не то мерещится,
Не то мерещится, не то мерещится.

Припев.

3. Комар летит на костерок полузатушенный,
Полузатушенный, полузатушенный.
А я лежу во все места уже укушенный,
И в глаз укушенный, и в нос укушенный.

Припев.

4. И потихонечку глаза мои слипаются,
То разлипаются, то вновь слипаются.
А в это время с неба звезды осыпаются,
Все осыпаются и осыпаются.

Припев.

5. Давным-давно прошла баржа вдоль бережка реки,
Вдоль бережка реки, вдоль бережка реки,
И в теплом иле закемарили пескарики,
Мои пескарики, мои пескарики.

Припев:

Пустую суету мою
Уносит ввысь,
А я лежу и думаю

Простую мысль:

6. Покуда ноги есть — дорога не кончается,
Все не кончается и не кончается.
Покуда попа есть — с ней что-то приключается,
Все приключается и приключается.

Припев.

Группа «Король и шут». «Любовь и пропеллер»

```
                Em              Am
1. Он печален был, он ее любил,
                        C                    D
   Но во всем ему отказ, что бы он не попросил!
```

С горя он тогда пропеллер смастерил,
Как получилось — сам не понял!
Как-то вышел он на луг и увидел вдруг:
На краю утеса она молча смотрит вдаль.
Охватила тут юношу печаль,
И, разбежавшись, вниз он прыгнул.

Припев:

```
          Em              Gm#
   И с утеса вниз парень полетел,
       Em      D     C Am  Em       D   C Am
   И завыл залетный ветер, гибели его свидетель.
```

2. Плакала она и его звала,
Укоряла и бранила девушка себя:
Ах, какая я бестолковая!
Ну почему в нем сомневалась?!

Припев.

3. И в тот самый миг юноша возник
И с улыбкой над утесом в воздухе повис.

И воскликнул он: Милая, сюрприз!
Но вдруг заглох его пропеллер...
Припев.

Группа «Крематорий». «Клубника со льдом»

```
         A          Hm       E          A
1. Когда уходит любовь, когда умирают львы
```
И засыхают все аленькие цветки,
Блудные космонавты возвращаются в отчий дом
Она приходит сюда и ест клубнику со льдом.
2. Она закрывает глаза, она шевелит губами,
Она разрешает смотреть и даже трогать руками.
Каждый готов согреть ее своим теплом,
Но она не любит мужчин, она любит
клубнику со льдом.
3. Кто-то делит с ней хлеб, а кто-то в поте лица
Обливает грязной водой тело ее из льда.
Слезы текут с потолка, тает фруктовый дом...
Приятного аппетита всем, кто любит
клубнику со льдом!

Группа «Крематорий». «Маленькая девочка»

```
   Am     D          F      Am
1. Маленькая девочка со взглядом волчицы...
            D    F           Am
   Я тоже когда-то был самоубийцей.
        D    F          Am        F
   Я тоже лежал в окровавленной ванне
```

      Am   G   Am
И молча вкушал дым марихуаны.
2. Ты видишь, как мирно пасутся коровы
И как лучезарны янтарные горы.
Мы вырвем столбы, мы отменим границы,
О маленькая девочка со взглядом волчицы.
3. Спи сладким сном, не помни о прошлом.
Дом, где жила ты, пуст и заброшен.
И мхом обросли плиты гробницы
Маленькой девочки со взглядом волчицы.

Группа «Лицей». «Осень»

   Hm   D   F#   G
1. Свет твоего окна для меня погас,
                 Em A
Стало вдруг темно.
Hm   D   F# G
И стало все равно, есть он или нет —
                 Em A
Тот волшебный свет.
   Hm   D   F# G
Свет твоего окна, свет моей любви,
              Em A
Бог моей любви,
Hm   D   F# G
Ты отпусти меня, ты отпусти меня
                Em   A   H
И больше не зови, не зови, не зови.
Припев:

Em F# Hm G
Осень, осень, лес остыл и листья сбросил,
D A F# Hm
И лихой ветер гонит их за мной.
Em F# Hm G
Осень, осень, ну давай у листьев спросим,
C F# Hm G F#
Где он, май, вечный май.

2. Свет твоего окна, был он или нет,
И выпал первый снег.
Снег — это же вода, растает и уйдет,
Как моя беда, раз и навсегда.

Припев:
Осень, осень, лес остыл и листья сбросил,
И лихой ветер гонит их за мной.
Осень, осень, ну давай у листьев спросим,
C F# Hm A D
Где он, май, вечный май...

Группа «Машина времени». «За тех, кто в море»

Am G
1. Ты помнишь, как все начиналось?
Em
Все было впервые и вновь,
F Fm
Как строили лодки, и лодки звались
Em
«Вера», «Надежда», «Любовь».
F G
Как дружно рубили канаты,

Em Am
Как вдаль уходила земля,
F D7
И волны нам пели, и каждый пятый,
F G
Как правило, был у руля.

Припев:

C Am
Я пью до дна за тех, кто в море,
F G
За тех, кого любит волна,
Dm G
За тех, кому повезет.
C Am
И если цель одна и в радости и в горе,
F D7
То тот, кто не струсил и весел не бросил,
F Fm C
Тот землю свою найдет.

2. Напрасно нас бурей пугали.
Вам скажет любой моряк,
Что бури бояться вам стоит едва ли,
В сущности буря — пустяк.
В буре лишь крепче руки
И парус поможет идти.
Гораздо трудней не свихнуться со скуки
И выдержать полный штиль.

Группа «Наутилус Помпилиус». «Дыхание»

D A Hm
1. Я просыпаюсь в холодном поту,

```
                          F#          G
Я просыпаюсь в кошмарном бреду,
                           D          Em
Как будто дом наш залило водой
                       Hm
И что в живых остались только мы с тобой
        D        A       Hm
И что над нами километры воды
                        F#     G
И что над нами бьют хвостами киты
       D                   Em
И кислорода не хватит на двоих.
                  Hm
Я лежу в темноте...
```

Припев:

```
   Hm          A
Слушая наше дыхание.
   Hm           G
Я слушаю наше дыхание.
   Hm                  A
Я раньше и не думал, что у нас
     Hm                            G
На двоих с тобой одно лишь дыхание.
     Hm
Дыхание.
```

2. Я пытаюсь разучиться дышать,
Чтоб тебе хоть на минуту отдать
Того газа, что не умели ценить.
Но ты спишь и не знаешь,
Что над нами километры воды
И что над нами бьют хвостами киты

И кислорода не хватит на двоих.
Я лежу в темноте...
Припев.

Группа «Наутилус Помпилиус». «Я хочу быть с тобой»

```
      Am       G         Am
1. Я пытался уйти от любви,
        C        F        G       E
   Я брал острую бритву и правил себя.
      Am          G        Am
   Я укрылся в подвале, я резал
    C    F     G                   E
   Кожаные ремни, стянувшие слабую грудь.
Припев:
       C    G          C
       Я хочу быть с тобой,
       E7   Am         G
       Я хочу быть с тобой,
         C     G          C
       Я так хочу быть с тобой,
          E          F
       Я хочу быть с тобой,
                  E
       И я буду с тобой...
         Am        G        F
       В комнате с белым потолком,
          E7        Am
       С правом на надежду...
         Am        G       F
       В комнате с видом на огни,
```

E Am
С верою в любовь...

2. Твое имя давно стало другим,
Глаза навсегда потеряли свой цвет.
Пьяный врач мне сказал: тебя больше нет.
Пожарный выдал мне справку, что дом твой сгорел.

Припев.

3. Я ломал стекло, как шоколад в руке,
Я резал эти пальцы за то, что они
Не могут прикоснуться к тебе.
Я смотрел в эти лица и не мог им простить
Того, что у них нет тебя и они могут жить.

Припев.

Группа «Ночные снайперы». «Я раскрашиваю небо»

Am Dm Am
1. Я раскрашивал небо, как мог.
Dm Am
Оно было белым, как белый день.
Dm Am
Я лил столько краски на небеса
E7 Am
И не мог понять, откуда там тень.
Dm Am
Это было в жаркий июльский день,
E7 Am
Когда болота горят,
Dm Am
Когда зажигается дом

E7 Am
От одного взгляда.

«Мне нравится» (песня из фильма «С легким паром»)

Am Dm E
1. Мне нравится, что Вы больны не мной,
Am Dm E
Мне нравится, что я больна не Вами,
A7 Dm
Что никогда тяжелый шар земной
F E7
Не уплывет под нашими ногами.
2. Мне нравится, что можно быть смешной,
Распущенной и не играть словами,
И не краснеть удушливой волной,
Слегка соприкоснувшись рукавами.
3. Спасибо Вам и сердцем и рукой
За то, что Вы меня, того не зная сами,
Так любите, за мой ночной покой,
За редкость встреч закатными часами.
4. За наше негулянье под луной,
За солнце не у нас над головами,
За то, что Вы — увы! — больны не мной,
За то, что я — увы! — больна не Вами.

«На Тихорецкую» (песня из фильма «С легким паром»)

Em H7 Em
1. На Тихорецкую состав отправится.
Am H7 Em

H7 Em
Вагончик тронется, перрон останется.
Am H7 C
Стена кирпичная, часы вокзальные,
Am
Платочки белые, платочки белые,
H7 Em
Платочки белые, глаза печальные.

2. Начнет выпытывать купе курящее
Про мое прошлое и настоящее.
Навру с три короба — пусть удивляются.
С кем распрощалась я, с кем распрощалась я,
С кем распрощалась я, вас не касается.

3. Откроет душу мне матрос в тельняшечке,
Как тяжело-то ему жить, бедняжечке.
Сойдет на станции и не оглянется.
Вагончик тронется, вагончик тронется,
Вагончик тронется, перрон останется.

4. Одна девчоночка сижу, негрустная,
И только корочка в руке арбузная.
Ну что с девчонкою такою станется?
Вагончик тронется, вагончик тронется,
Вагончик тронется, перрон останется.

Песня из кинофильма «Улицы разбитых фонарей»

Am Dm
1. Ты рисковал собой не раз шутя
G C
И знаешь, что такое боль.

Am Dm
Ты в пьесе жизни выбрал для себя
E Am
Нелегкую роль.
Приходится тебе друзей терять,
Жестокий принимая бой,
И каждый раз в нелегкий спор вступать
С самою судьбой.

Припев:

Dm G
Ради жизни и ради мечты
C Am
Каждый день без усталости ты
Dm E Am A7
В поединок с неправдой вступаешь опять.
Долг и честь — эту службу нести,
Быть преградой у зла на пути,
Ради правого дела собой рисковать.

2. Не раз людей спасая от беды,
Опасность видя в двух шагах,
В себе преодолеть был должен ты
Сомнения и страх.
Лишь только тот, кого нельзя согнуть,
Способен мир от зла спасти.
Ты сам однажды выбрал этот путь
И должен идти.

Припев.

Песня из мюзикла «Notre Dame de Paris»

Dm Gm A
1. Свет озарил мою больную душу.
Dm Gm A
Нет, твой покой я страстью не нарушу.
Dm Gm A Dm
Бред, полночный бред терзает сердце мне опять.
Gm A Hm
О Эсмеральда, я посмел тебя желать.
Em F# Hm
Мой тяжкий крест — уродства вечная печать.
Em A D
Я сострадание за любовь готов принять.
Hm Em F# Hm
Нет, горбун отверженный с проклятием на челе,
Em A D
Я никогда не буду счастлив на земле.
Em F# Hm
И после смерти мне не обрести покой.
Em F# Hm
Я душу дьяволу продам за ночь с тобой.

Затакт: Em, A, Dm, Gm, C.

Fm Am# C
2. Рай, обещают рай твои объятия.
Fm Am# C
Дай мне надежду, о мое проклятие!
Fm Am# C Fm
Знай, греховных мыслей мне сладка слепая власть.

Am# C Dm
Безумец, прежде я не знал, что значит страсть.
Gm A Dm
Распутной девкой словно бесом одержим.
Gm C F
Цыганка дерзкая мою сгубила жизнь.
Dm Gm A Dm
Жаль, судьбы насмешкою я в рясу облачен,
Gm C F
На муки адские навеки обречен.
Gm A Dm
И после смерти мне не обрести покой.
Gm A Dm
Я душу дьяволу продам за ночь с тобой.
Затакт: Gm, C, Fm, Am#, D#
Gm# Cm# D#
3. Сон, светлый счастья сон мой — Эсмеральда.
Gm# Cm# D#
Стон, грешной страсти стон мой — Эсмеральда.
Gm# Cm# D# Gm#
Он сорвался с губ и покатился камнем вниз.
Cm# D# Fm
Разбилось сердце белокурой Флер Дениз.
Am# C Fm
Святая Дева, ты не в силах мне помочь.
Am# D# G#
Любви запретной не дано мне превозмочь.
Fm Am# C Fm
Стой, не покидай меня безумная мечта!
Am# D# G#
В раба мужчину превращает красота.

Am# C Fm
И после смерти мне не обрести покой.
Am# C Fm
Я душу дьяволу продам за ночь с тобой.
Затакт: Am#, D#, Gm#, Cm#, D#, Fm.
Am# C Fm
4. И днем и ночью лишь она передо мной.
Am# D# G#
И не Мадонне я молюсь, а ей одной.
Fm Am# C Fm
Стой, не покидай меня, безумная мечта.
Am# D# G#
В раба мужчину превращает красота.
Am# C Fm
И после смерти мне не обрести покой.
Am# C Fm
Я душу дьяволу продам за ночь с тобой.
Am# C Fm
За ночь с тобой...

Группа «Пикник». «Я пущенная стрела»

Em
1. Я — пущенная стрела,
И нет зла в моем сердце, но
C Hm Em
Кто-то должен будет упасть все равно.
А нищие правят бал,
Они хотят, но не могут дать.
И то, что зовут они кровью, только вода.

Затакт: F#, H, F#, C, C#, H7, Em.

2. Ах, зачем, зачем мне эта земля?
Зачем мне небо без ветра и птиц?
Я — пущенная стрела. Прости.
Я не могу этот город любить.
Пусть будет сердце из чистого льда
И то, что зовут они кровью, только вода.

3. О, как много погасших огней,
Как много рук, что нельзя согреть.
Так мимо, мимо, мимо, мимо скорей!

А. Пугачева. «Этот мир»

```
      Am          Dm
1. За то, что только раз
      G7       C
   В году бывает май,
      Am      Dm                 C
   За блеклую зарю ненастного дня
     Am       Dm
   Кого угодно ты
       G7     C
   На свете обвиняй,
     Am        Dm
   Но только не меня,
     E7        Dm
   Прошу — не меня.
Припев:
     E7   Am     G7      C
     Этот мир придуман не нами,
```

E7 Am E7 Am
Этот мир придуман не мной.
G7 C E7 Am
Этот мир придуман не нами,
E7 Am E7 Am
Этот мир придуман не мной.

2. Придумано не мной,
Что мчится день за днем,
То радость, то печаль кому-то неся.
А мир устроен так,
Что все возможно в нем,
Но после ничего
Исправить нельзя.

Припев.

3. Один лишь способ есть
Нам справиться с судьбой,
Один есть только путь в мелькании дней.
Пусть тучи разогнать
Нам трудно над землей,
Но можем мы любить друг друга сильней.

Припев.

А. Розенбаум. «Налетела грусть»

Am Am/G Dm
1. Налетела грусть, ну что ж, пойду пройдусь,
E E Am H7 E
Ведь мне ее делить не с кем.
Am Am/G Dm
И зеленью аллей в пухе тополей

E E Am H7 E
Я иду землей невской.
Am Am/G Dm
Может, скажет кто, мол, климат здесь не тот,
E E Am H7 E
А мне нужна твоя сырость.
Am Am/G Dm
Здесь я стал мудрей, и с городом дождей
E E Am H7 E
Мы мазаны одним миром.

Припев:

Am
Хочу я жить среди каналов и мостов
Gm A A7
И выходить с тобой, Нева, из берегов.
Dm7 G7
Хочу летать я белой чайкой по утрам
C Dm7 F E E7
И не дышать над вашим чудом, Монферан.
Am
Хочу хранить историю страны своей,
Gm Am A7
Хочу открыть Михайлов замок для людей,
Dm7 G7
Хочу придать домам знакомый с детства вид,
C Dm7 F E E7
Мечтаю снять леса со Спаса на крови.

2. Но, снимая фрак, детище Петра
Гордость не швырнет в море.
День гудком зовет, Кировский завод,
Он дворцам своим корень.

Припев:

Хочу воспеть я город свой мастеровой,
Хочу успеть, покуда в силе и живой.
Хочу смотреть с разбитых Пулковских высот
Как ты живешь, врагом не сломленный народ.

3. Как 1 куплет.

А. Розенбаум. «Казачья»

Am F G C
1. Под зарю вечернюю солнце к речке клонит,
Gm A7 Dm
Все, что было — не было, знали наперед.
Dm F G C
Только пуля казака во степи догонит,
Dm Am E7 Am
Только пуля казака с коня собьет.

2. Из сосны, березы ли саван мой соструган.
Не к добру закатная эта тишина.
Только шашка казаку во степи подруга,
Только шашка казаку в степи жена.

3. На Ивана холод ждем, в Святки лето снится,
Зной «махнем» не глядя мы на пургу-метель.
Только бурка казаку во степи станица,
Только бурка казаку в степи постель.

4. Отложи косу свою, бабка, на немного,
Допоем, чего уж там, было б далеко.
Только песня казаку во степи подмога,
Только с песней казаку помирать легко.

Группа «Рондо». «В любом из нас»

```
          Dm      Dm/C    Dm/B  A7  D
1. В любом из нас хватает лжи,
      Dm              Dm/C Dm/B  A7  D
   Мы на три слова лжем порою два
      Dm      Dm/C Dm/B  A7  D
   И вновь торопимся грешить,
     Dm  Dm/C Dm/H A7
   Покаявшись едва.
  F     A     Dm               Dm/C   B
   А беда видна — встанем как стена,
                               B  C
   И вперед — за волю да за правду.
  F      A      Dm             Dm/C   B
   А без них петля да сыра земля,
                       A
   Да кандальный перезвон.
```

2. Повинен в чем — перекрестим
И скажем без обиды: Бог с тобой.
Врагов поверженных простим,
Чужую примем боль.
А придет святой — гоним всей толпой
И со смехом со свету сживаем.
Вынем из петли, кинем горсть земли
Да напьемся за помин.

3. Кровь рекою льем да поклоны бьем
И кричим, что платим полной(ю) мерой
За виток петли, да за горсть земли,
Да за совесть и за страх.
И живет народ: господа и сброд,

Чернь и боги, палачи и жертвы —
На одной земле, да в одной петле,
Да с российскою душой.

Группа «Секрет». «Привет»

Затакт: Dm, Gm, A.

      Dm   Dm7+   Dm7
1. Привет. Сегодня дождь и скверно,
     Dm6   Gm   Gm7
   А мы не виделись, наверно, сто лет.
               A
   Тебе в метро? Скажи на милость,
                                     Dm
   А ты совсем не изменилась. Нет-нет.
      Dm   Dm7+   Dm7
   Привет. А жить ты будешь долго.
          D7   Gm   Gm-F#m-B
   Я вспоминал тебя вот только в обед.
         Dm   E
   Прости, конечно же, нелепо
                A   Dm
   Кричать тебе на весь троллейбус: «Привет!».
2. Привет. Дождливо этим летом...
   А впрочем, стоит ли об этом? Ведь нет.
   Тогда о чем? О снах, о книгах?
   И черт меня попутал крикнуть: «Привет!».
   Как жизнь? Не то, чтоб очень гладко,
   Но, в общем, знаешь, все в порядке, без бед.
   Дела отлично — как обычно.
   А с личным? Ну вот только с личным — «привет».

H Em Em7
3. Привет. А дождь все не проходит,
Em6 Am Am7
А я с утра не по погоде одет.
H
Должно быть, я уже простужен,
Em
Да бог с ним, слушай, мне твой нужен совет.
Em Em7
В конце концов мне дела нету,
E7 Am Am-G#m-C
Решишь ли ты, что я «с приветом» иль нет.
Em F#
Но может, черт возьми, нам снова?..
H Em
Выходишь здесь? Ну, будь здорова... Привет.

Группа «Чиж». «Еду»

Em Am
1. То ли рядом с шофером, то ли в тесном купе
Em H7
Я мотаюсь по жизни по великой стране.
Позади километры оборванных струн,
Впереди миражи неопознанных лун.
Припев:
Em E Am D G
Еду, еду, еду, еду я,
C Am H7 Em
Реки, степи, горы и поля.

Видел я вчера в твоих глазах
Шар воздушный, глобус в небесах.

2. Посиделки с друзьями, мимолетный роман,
Мне выбрасывает мама мой чемодан.
Посижу я немного и снова пойду.
Видно, что-то ищу, но никак не найду.

Припев:

Еду, еду, еду, еду я,
Реки, степи, горы и поля.
Шар воздушный мне подскажет путь,
Я к тебе приду когда-нибудь.

3. Наплевать на погоду, коль исправен мотор,
Оглянуться назад и подписать приговор.
На твоих золотых время не истекло,
И я пялюсь сквозь ночь в лобовое стекло.

Припев:

Еду, еду, еду, еду я,
Реки, степи, горы и поля.
Дай мне на дорогу сигарет,
Чтобы сочинить еще куплет.
Еду, еду, еду, еду я,
Реки, степи, горы и поля.
Звезды в небе мне подскажут путь,
Я к тебе приду когда-нибудь.

Краткий словарь струнных щипковых музыкальных инструментов

Арфа — щипковый струнный музыкальный инструмент. Из исторических источников известно, что простейшие виды арфы существовали еще в Ассиро-Вавилонии и Древнем Египте. Арфа усовершенствовалась в течение многих тысячелетий, но ее главные конструктивные элементы остались неизменными.

Форма инструмента представляет собой треугольную раму большого размера. Между составляющими корпуса-резонатора натягивают 47 струн, настроенных диатонически в гамме до-бемоль мажор. Сложный педальный механизм является той частью арфы, которая отвечает во время игры за повышение звучания некоторых струн на 1/2 тона или на 1 тон. Исполнение музыкального произведения на инструменте происходит двумя руками. Диапазон арфы охватывает 6 с половиной октав, где располагаются все звуковые регистры. Богатые звуковые и технические возможности этого инструмента являются незаменимым украшением симфонической музыки. Арфа исполняет не только аккомпанирующие, но и сольные партии. Многие поколения наслаждаются великолепным соло арфы в симфоническом произведении Н. А. Римского-Корсакова «Испанское каприччио», в балетах П. И. Чайковского и А. К. Глазунова, и т. д. В мире музыки широко известны сочинения для арфы Г. Генделя, Р. Глиэра и М. Равеля. Выдающимися музыкантами, исполнявшими музыкальные произведения на этом уникальном виде инструмента, были: М. Гранжани, К. Сальцедо, В. Г. Дулова и многие другие.

Балалайка — популярнейший русский народный трехструнный инструмент. Его корпус имеет треугольную форму и снабжен грифом. Звукоизвлечение из балалайки происходит с помощью плектра, ударов пальцев при быстрых взмахах кисти правой руки и щипковым способами. Появление инструмента относят к началу XVIII века. Балалайка стала полноценным концертным инструментом благодаря деятельности организатора и руководителя первого оркестра русских народных инструментов В. Андреева. Он также является создателем таких типов балалаек, как альт, бас, контрабас и прима. В оркестре балалайка-прима в основном используется в качестве солирующего инструмента. История исполнительства выдвинула многих выдающихся балалаечников: Н. Осипов, Б. Трояновский, П. Нечипоренко и многие другие.

Бандура — украинский струнный щипковый инструмент. Характерной внешней особенностью бандуры является ковшеобразный корпус, снабженный грифом. Инструмент имеет два набора струн, настроенных по квартам и секундам, и так называемые приструнки, настроенные по ступеням диатонической гаммы. С незапамятных времен великолепными бандуристами на Украине считались кобзари — народные певцы-сказители. В наши дни этот мелодичный инструмент является украшением многих инструментальных ансамблей.

Вино, или бин — древний индийский струнный щипковый инструмент, имевший множество разновидностей. Вино изготавливался из 3–4 сушеных тыкв и бамбуковой шейки, на которой отмечалось от 19 до 24 ладов. На шейке укреплялось 4 основные и 3 резонаторные струны. Звук извлекался с помощью плектра. Обычно вино использовался для аккомпанемента к пению и танцам.

Виола (итал. viola) — струнный щипковый/смычковый музыкальный инструмент. Широкое распространение виола получила в Западной Европе XVI–XVII веков. Музыкальный инструмент является представителем скрипичного семейства. Существует несколько разновидностей виол: виола да гамба, виола д'амур, виола да бардоне и виола помпоза. Сходные по форме, эти инструменты различаются размерами, пропорциями, строем, тесситурой, количеством струн. Самым мягким и нежным тембром обладает виола д'амур. Особенно популярен этот инструмент был в Италии и во Франции.

Гитара — струнный щипковый инструмент лютневого типа. Гитара представляет собой деревянный корпус с глубокими боковыми выемками, плоскими деками, шейкой и головкой с колками, которыми натягиваются струны (металлические или нейлоновые). Звук извлекается пальцами с помощью щипка или удара или с помощью плектра. Применяется в сольной игре и для аккомпанемента. В некоторых странах существуют разновидности гитар. Например, русская гитара имела 7 струн и была распространена в России и Польше в начале XIX века.

Гудок — русский струнный смычковый инструмент грушевидной или овальной формы. Имеет клееный или долбленый корпус с плоской декой с резонаторными отверстиями, со слегка отогнутой или прямой головкой и 3–4 струны. Звук извлекается лукообразным смычком.

Гусли — древний русский струнный щипковый инструмент. Представляют собой плоский деревянный корпус с большим количеством натянутых струн. Известны звончатые, или крыловидные, гусли, имеющие от 4 до 14 струн, шлемовидные — от 11 до 36 струн, хроматические — от 55 до 66 струн. Звук извлекается защипыванием, ударами или глиссандо.

Домбра — казахский струнный щипковый инструмент. Имеет деревянный корпус (длиной

800–1300 мм) и 2 жильные струны, одна из которых мелодическая. Существуют отличия между западно- и восточно-казахскими домбрами, различны и приемы игры. На домбре исполняются 1- и 2-голосные пьесы — кюй.

Домра — древнерусский струнный щипковый инструмент, имевший грушевидную форму корпуса с прикрепленной к нему шейкой. На шейки были отмечены лады и натянуты 3 или 4 струны. Звук извлекался с помощью плектра. Домра была очень популярна в XVI–XVII веках.

Дутар — восточный струнный щипковый инструмент. Он имел длинную шейку с 13–17 ладами и 2 шелковые струны, настроенные в кварту. Общая длина инструмента — примерно 120 см. Звук очень нежный и тихий. Дутар использовался в качестве аккомпанирующего инструмента. Особенно популярен был у таджиков, туркменов, узбеков, уйгуров, а также народов Ирана и Афганистана.

Кантеле — финский или карельский струнный щипковый инструмент. Корпус древних кантеле был деревянным, узким, выдолбленным сверху (в этом случае он покрывался декой) или снизу (без дна) и имел форму ладьи; 5 жильных струн на нем располагались веером. Более поздние типы кантеле склеивались из отдельных досок, струны на них (до 36 штук) имели веерообразное или параллельное расположение, но были металлическими. Держат кантеле на коленях или на столе в горизонтальном положении. По струнам бряцают или защипывают их пальцами обеих рук. На 5-струнном кантеле, вероятно, исполнялись одноголосные произведения, а поздние типы кантеле применяются для исполнения танцевальных мелодий, а также мелодий с аккордовым сопровождением. Родственными инструментами являются: русские гусли, литовский канклес, эстонский каннель.

Кифара (от греч. kithara) — струнно-щипковый музыкальный инструмент, широко распространенный в Древней Греции и на Ближнем Востоке. Представляет собой узкую коробку трапециевидной формы, размещенную на невысокой подставке. К ней прикреплялись ручки, перекладина и струны (от 7 до 12). Не используется с начала новой эры. Был восстановлен музыкантом, композитором Г. Парчем (США) в XX веке по описанию и рисункам, найденным во время проведения археологических раскопок на территории Древней Греции.

Кобза — 1) украинский щипковый инструмент типа лютни с грушевидным корпусом, имеющий 4 парные или одинарные струны и шейку с 4–10 ладами или без ладов. Использовался в XVI–XVIII веках запорожскими казаками. В наше время в оркестрах применяются модернизированные малая, средняя и большая басовая кобзы; 2) польский, румынский, молдавский струнно-щипковый инструмент типа лютни, имеющий короткую шейку и 2 строя струн — основных жильных и 4 парных металлических на октаву выше. Для игры используют плектр.

Комуз — 1) киргизский 3-струнный щипковый музыкальный инструмент типа лютни. Делается из одного куска дерева, включая долбленый корпус, длинную шейку без ладов и головку. Издает мягкие, негромкие звуки. Приемом игры является щипок или бряцание пальцами правой руки. На комузах играли акыны; в настоящее время модернизированная версия этого инструмента используется в ансамблях; 2) киргизский металлический варган (щипковый музыкальный инструмент); 3) чечено-ингушская гармоника, получившая распространение в середине XIX века.

Лира — 1) специалисты-инструментоведы под этим термином обобщают инструменты, у которых струны натягиваются параллельно поверхности резонансного корпуса, прикрепляясь сверху к так называемую ярму; 2) древнегреческий струнный щипковый инструмент. По легенде, лира была изготовлена Гермесом из панциря черепахи и подарена Аполлону. Древние инструменты обладали плоским, округлым корпусом с кожаной мембраной и струнами, изготовленными из природных материалов (число струн колебалось от 3 до 11). С V века до н. э. для натяжения струн использовались деревянные (костяные), позднее металлические колки. Эпические и лирические произведения исполнялись в сопровождении игры на лире; 3) греческий народный струнно-смычковый инструмент наподобие лютни. Грушевидный резонансный корпус имеет небольшую шейку и головку из цельного куска дерева (закрывается декой с двумя серпообразными отверстиями), 1 мелодическую, 2 бурдонные, а иногда и три резонансные жильные струны. Специфическая особенность — помещение душки под поставкой. Лира могла звучать как соло, так и в составе ансамбля. Первые упоминания о ней относятся к X веку; 4) в XVIII–XX веках некоторым инструментам совершенно иной конструкции (например, гитаре-лире) придавалась внешняя форма древнегреческой лиры.

Лютня — 1) старинный щипковый инструмент, известный еще во II тыс. до н. э. В начале Средневековья лютня широко распространилась в Европе. Ее мягкое звучание лютни являлось прекрасным аккомпанементом для певческих голосов. По способу звукоизвлечения (игра с помощью плектра), а также по внешнему виду лютня напоминает мандолину. Небольшой, округлый корпус снабжен широким грифом с натянутыми над ним струнами. Музыку для лютни писали Франческо да Милано, Г. Бакфарк и др.; 2) термином «лютня» обозначают инструменты подкласса составных хордофонов — струнных инструментов, структура которых должна обязательно включать резонансный корпус и струноноситель.

Мандолина — струнный щипковый плекторный инструмент наподобие лютни. Верхняя дека имеет овальную форму; корпус округлый, состоит из отдельных склеенных сегментов; шейка обладает грифом с ладами и головкой с колками. Мандолины одного регистрового типа различаются по числу и настройке струн. Самой распространенной является сопрановая неаполитанская мандолина, которая имеет четыре парных ряда струн квинтовой настройки, благодаря чему звучание характеризуется как чистое и яркое. Родина мандолины — Италия, где она известна с XVII века. Используется как сольный, ансамблевый и оркестровый инструмент (оркестр из мандолин называется неаполитанским). Изредка мандолина вводится в симфонический и оперный оркестры. Музыку для мандолины сочиняли Л. ван Бетховен, А. Вивальди и др.

Монохорд — 1) общее название однострунных инструментов; 2) струнный музыкальный инструмент, появившийся в Древней Греции для обучения музыке и повсеместно распространенный затем в Древнем Риме и Западной Европе вплоть до XIX века монохорд представлял собой удлиненный (90–120 см) деревянный корпус с двумя порожками по краям узких его сторон для натягивания одной струны (в эпоху Средневековья ставили также несколько струн). Звук из монохорда извлекался с помощью щипка или удара молоточком, его высота регулировалась передвижением между струной и корпусом планки; 3) приспособление для приглушения звучности фортепиано путем ограничения удара молоточка лишь по одной струне.

Пандури — 2–3-струнный инструмент, распространенный в Грузии, Абхазии, Аджарии. Корпус и шейка изготавливались из цельного дерева. Звук извлекался с помощью щипков, ударов пальцем или ногтем, а также бряцанием. Пандури в основном использовался для аккомпонемента сольному или хоровому женскому пению и танцам.

Пипа — 4-струнный щипковый инструмент, распространенный в Китае, напоминает лютню и имеет грушевидный корпус, переходящий в короткую шейку, на которой отмечены 4 лада, остальные 13–14 ладов расположены на самой деке. Струны настраиваются по квартам, квинтам и секундам. У этого инструмента мягкий, приглушенный звук, который извлекается ногтем или плектром. Используется пипа как в ансамблях, так и соло.

Танбур, тамбур — 3-струнный щипковый инструмент, похожий на лютню, с грушевидным корпусом и длинной шейкой с отмеченными на ней ладами. Струны делаются из металла. Звук извлекается с помощью плектра. Танбур распространен в Узбекистане и Таджикистане, и используется как сольный, так и ансамблевый инструмент.

Тар (тара, тари) — 1) струнный щипковый инструмент, имеющий корпус в форме восьмерки и длинную шейку с ладами. На шейке натягивается от 4 до 11 струн. Этот инструмент распространен на Кавказе, в Средней Азии и Иране, и используется в качестве сольного и ансамблевого инструмента; 2) арабский бубен круглой формы и небольшого размера.

Цимбалы (от лат. cymbalum — «кимвал») — струнный и ударный инструмент, имеющий плоский деревянный корпус трапециевидной формы. Звук извлекается с помощью щипков, а также палочек, молоточков и крючков. С XVI века обретает широкую популярность в Европе. В настоящее время используется в Венгрии, Польше, Румынии, Белоруссии и Украине.

Цинь — группа струнных инструментов, распространенная в древности в Китае. В настоящее время так называют и 7-струнный щипковый инструмент цисяньцинь, который имеет продолговатый корпус и деку с 13 ладами. Раньше этот инструмент использовался для сопровождения мелодекламации и в ансамблях.

Цитра — древний струнный щипковый инструмент. Он имел плоский деревянный корпус, похожий на ящик, на котором был полукруглый выступ, и гриф с ладами, над которым натягивались 4–5 металлических струн. Над декой натягивались еще 25–40 струн для аккомпанемента. Звук извлекался с помощью защипывания плектром струн над грифом и защипывания пальцами аккомпанирующих струн. Цитра имела четыре разновидности: прима, тенор, альт и бас. Она была очень популярна в XIX веке в Германии и Австрии.

Чонгури — 4-струнный щипковый инструмент, распространенный в Грузии и Аджарии. Он имеет грушевидный деревянный корпус и длинную шейку с навязанными жильными ладами. Звук извлекается бряцанием и имеет тихий, нежный оттенок. Инструмент используется для сопровождения женского пения и танцев.

Краткий словарь музыкальных терминов

Вибрато (итал. vibrato, от лат. vibro — «колеблю»). Различают частотное вибрато (периодическое изменение высоты звука) и амплитудное вибрато (периодическое изменение громкости). Применяется вибрато в игре на струнных инструментах. Тембр звука без вибрато — белый, прямой, холодный. Звук с вибрато становится теплым, динамичным, эмоционально напряженным. Эти качества звука могут изменяться за счет таких характеристик вибрато, как размах и частота.

Виваче (итал. vivace, букв. — «оживленный, живой») — темп исполнения, более скорый, чем аллегро, и менее скорый, чем престо.

Виво (итал. vivo — «живо») — 1) живой, быстрый темп (см. виваче); 2) веселый, одушевленный характер исполнения музыки.

Гармония (от греч. harmonia — строй, лад, слаженность) — музыкальный термин, обозначающий объединение звуков в созвучия и их закономерную последовательность. Термин характеризует высотную систему, аккордику, тональные функции; применяется в значении «аккорд», «созвучие». Сущность музыкальной гармонии — характеристика звуковых явлений, включающая наиболее специфические для музыкального искусства художественные элементы: созвучия, ладовые функции и т.д.

Глиссандо (от франц. glisser — «скользить») — способ игры на музыкальных инструментах. Представляет собой скольжение одного или нескольких пальцев по струне в струнных инструментах, быстрое проведение пальцем одной или обеих рук по струнам в арфо- и лирообразных инструментах.

Группетто — мелодическое украшение, представляющее собой группу из 4–5 нот и обозначающееся специальными значками над нотой, либо между двумя различными нотами.

Декрещендо, (итал. decrescendo, букв. — «уменьшаясь») — постепенно стихая.

Диапазон — звуковой объем инструмента, звукоряда, мелодии и пр., определяемый расстоянием между самым низким и самым высоким звуком, которые доступны конкретному инструменту.

Динамика (от греч. dynamis — «сила») — одна из сторон организации музыки как процесса, тесно связанная с ее временной природой и характеризующаяся изменениями в громкости, плотности звучания и темпе. Определяется динамика действием различных свойств музыкального звука (таких, как высота, громкость, длительность и тембр), как по отдельности, так и в комплексе, плавностью или скачкообразностью, интенсивностью и частотой смен тех или иных параметров. Проявляется она в мелодии, гармонии (аккордовых связях и тональном развитии), в ритмике, темпе, фактуре и т. п., на разных уровнях становления музыкального целого (в отдельно взятом звуке, в мотиве, фразе, части, цикле).

Существует хорошо разработанная система обозначения динамических оттенков (в большинстве случаев можно встретить итальянские термины): forte — (сокращенно f), то есть — сильно, громко; piano (p) — слабо, тихо; mezzo forte (mf) — умеренно громко; mezzo piano (mp) — умеренно тихо; fortissimo (ff) — очень громко; piannisimo (pp) — очень тихо; forte-fortissimo (fff) — чрезвычайно громко; piano-pianissimo (ppp) — чрезвычайно тихо; crescendo (в графическом изображении: <) — постепенно усиливая; diminuendo (>) — постепенно затихая; sforzando (sf) — напрягая силы, то есть внезапно усиливая громкость; subito — внезапная смена динамического оттенка.

Диминуэндо (итал. diminuendo, букв. — «уменьшая») — постепенно стихая.

Звук музыкальный — наименьшая составляющая музыкального произведения. Звуки музыкальные образуют музыкальную систему с характерными признаками высоты, громкости, длительности и тембра. Высота музыкальных звуков колеблется от 16 до 4000–4500 герц, более высокие звуки являются обертонами и шумовыми звуками. В каждом октавном промежутке применяется 12 разных по высоте звуков, отстоящих на полутон, среди которых и очень тихие, и очень громкие звуки. Длительность музыкальных звуков колеблется от 0,015 сек. до нескольких минут. Абсолютные значения длительностей определяются темпом. Сложны отношения между тембрами. Они зависят от особенностей певческих голосов и музыкальных инструментов. Отдельно взятые музыкальные звуки невыразительны, но объединенные в музыкальную систему они становятся очень яркими и выполняют выразительные функции.

Интервал (лат. intervallum — «промежуток») — соотношение двух звуков по их высоте, характеризующееся числом входящих в него ступеней звукоряда. Интервалы в пределах октавы считаются простыми, более широкие — составными. Все интервалы могут быть уменьшенными и увеличенными, например ре — фа-бемоль (уменьшенная терция), до — до-диез (увеличенная прима).

Основные интервалы:

Название интервала	Количество полутонов в интервале	Примеры (от звука до)
Чистая прима	0	до — до
Малая секунда	1	до — ре-бемоль
Большая секунда	2	до — ре
Малая терция	3	до — ми-бемоль

Большая терция	4	до — ми
Чистая кварта	5	до — фа
Увеличенная кварта	6	до — фа-диез
Уменьшенная квинта	6	до — соль-бемоль
Чистая квинта	7	до — соль
Малая секста	8	до — ля-бемоль
Большая секста	9	до — ля
Малая септима	10	до — си-бемоль
Большая септима	11	до — си
Чистая октава	12	до — до

В мелодическом интервале звуки берутся разновременно, в гармоническом интервале (двузвучии) — одновременно. Гармонические интервалы на слух воспринимаются более ярко. Нижний звук интервала называют основанием, верхний — вершиной. Путем октавной перестановки одного или обоих звуков интервала получают обращение интервала.

Кантабиле (итал., букв. — «певуче», итал. cantare — «петь») — певучесть, напевность мелодики или музыкального исполнения; указывает на характер музыки. Со 2-й половины XVIII века кантабиле ставится в название музыкального произведения вместе с обозначением его темпа или части.

Кварта (от лат. quarta — «четвертая») — см. интервал.

Квартаккорд — аккорд, построенный по квартам (чистым либо чистым и увеличенным).

Квартдецима (от лат. quarta-decima — «четырнадцатая») — см. интервал.

Квинтсекстаккорд — первое обращение аккорда, первый и третий звуки которого образуют квинту, а крайние — сексту.

Кода (итал. coda, от лат. cauda — «хвост») — заключительная часть музыкального произведения, не являющееся обязательным элементом композиции. Для коды характерна структурная обособленность в музыкальной форме и функциональная многозначность. Коды встречаются в формах со значительным развитием, контрастами: в простых, например, трехчастных (Прелюдия N 12 Ф. Шопена); в сложных (3-я часть 4-й симфонии П. И. Чайковского); в вариационной (Вариации на тему Корелли С. В. Рахманинова); в классическом и послеклассическом рондо (у В.-А. Моцарта), в сонатной форме. Начиная с произведений Бетховена, кода приравнивается к основным разделам, уравновешивая разработку, как реприза экспозицию.

Колорит (в музыке) — обусловленная выбором регистров, тембров, гармонических и иных выразительных средств преобладающая окраска музыкального произведения или его части. Так, встречается однотонный, светлый колорит и др.

Крещендо (итал., букв. — «увеличивая») — постепенное нарастание громкости звука. Имеет специальное обозначение в музыкальной грамоте.

Лад — гармоничное сочетание звуков по высоте, система высотных связей, объединенных центральным звуком или созвучием, а также облекающая ее в конкретные формы звуковая система. Понятие «лад» — это эстетическая категория в представлении о музыке как о чем-то прекрасном, систему высотных связей причисляют к наиболее сильному способу эстетического воздействия музыки. По терминологической традиции категория лад объединяет не только мажор, минор и натуральные лады, но и другие, нередко весьма далекие от классической тональности. Лад бывает в любой музыке, где имеется органическая звуковысотная слаженность тонов. Лад, как высотное построение, охватывает все типы звуковысотной организации. Первичная форма выражения отношений лада — мелодический мотив (попевка), что и объясняет традиция связывать термин «лад» с мелодическими звукорядами и называть их ладами (например, «церковные лады»).

Ларгетто (итал. уменьшительное от largo) — в буквальном смысле означает достаточно широко (то есть чуть более живое исполнение музыки по сравнению с ларго, менее протяжное звучание).

Ларго (итал. largo — «широко») — медленное, плавное исполнение.

Легато (итал. legato — «плавно, связно») — связное исполнение звуков, когда они плавно перетекают один в другой.

Ленто (итал. lento, букв. — «медленно») — медленный темп, несколько более скорый, чем ларго.

Мелизм — небольшой мелодический оборот, применяющийся для украшения основного рисунка мелодии. Мелизмы стали использоваться с XVIII века. Устойчивые построения мелизмов изображаются в нотном письме условными значками. Ряд мелизмов сохранился до сих пор: форшлаг, группетто, мордент, трель.

Метр — термин употребляется в музыке и поэзии, обозначает ритмическую форму, в соответствии с которой музыкальные и поэтические тексты делятся на метрические единицы (стопы, такты и т. д.), устанавливаемые специальными правилами (они отличают размеренную речь и музыку от свободного ритма прозаической речи). В нотном письме, как правило, метр указывается автором сочинения (тактовая черта, тактовый размер и др.). Регулируя те или иные элементы ритмической формы, метр не касается других ее частей.

Модерато (итал. moderato) — умеренный темп, средний между андантино и аллегретто. Часто используется термин «аллегро модерато» (Allegro moderato) — умеренно скоро (темп средний между аллегро и аллегретто).

Модуляция. В классической мажорно-минорной системе под понятием «модуляция» подразумевается смена тональности. Наличие общих звуков и аккордов у разных тональностей служат основанием для модуляции, причем функциональное положение общего аккорда в них может существенно различаться. Модуляция включает функциональный переход общего аккорда, введение модулирующего аккорда (показывающего новую тональность) и фиксацию новой тональности с помощью каденции. По технике выполнения модуляции делятся на два вида: модуляции без энгармонизма и энгармонические модуляции. Модуляция без применения перехода называется сопоставлением. Модуляция сложилась в современной музыки как процесс формообразующих свойств тонального лада («модуса»; отсюда название) путем обхода его каденций. И. Г. Вальтер говорит о модуляции как о «следовании добрым правилам лада», подразделяющимся на «тоническое» (без выхода за рамки диатонических гамм) и «уклоняющееся» (с отклонениями, каденциями в других тональностях). Композиторы венской классической школы установили стройную систему генеральной модуляции, охватывающей все сочинения и являющейся базой для классических крупных форм — сонатной, рондо; ее части — это межтемная, или большая, модуляция (тональный план связующей партии, разработки) и внутритемная, или малая, модуляция (при изложении темы). В музыке XX века классическое определение модуляции как перемены тональности сохраняет значение в той мере, в которой композиторы пользуются тональным мышлением и применяют музыкальные формы классического типа (С. С. Прокофьев, Д. Д. Шостакович, Б. Барток и др.). В средние века модуляцией обозначалась слаженность и стройность, считающиеся основополагающим предметом музыкального искусства (в таком понимании термин «модуляция» впервые встречается у древнеримского писателя и ученого I века до н. э. Марка Теренция Варрона).

Мордент (от лат. mordens, букв. — «кусающий») — мелодическое украшение, образующееся при исполнении после основного звука вспомогательного (на ступень ниже или выше) и повторения основного. Изображается ломаной линией над нотой.

Музыка — искусство, использующее для воплощения художественных образов особо организованные музыкальные звуки. Последние сочетаются по определенным законам в мелодии и гармонии, организуются посредством лада, ритма, метра, музыкальной формы, темпа, громкостной динамики, тембра; воспроизводятся певческими голосами и музыкальными инструментами. Музыка фиксируется в нотной записи, реализуется и воспринимается в процессе исполнения. Музыка подразделяется на светскую и духовную, различается по родам (симфоническая, камерная, хоровая) и жанрам (песня, хорал, танец, марш, симфония, сюита, соната), часто сочетается с поэзией, танцем, театром (театральная музыка, опера, балет), кино.

Музыкальные инструменты — инструменты, использующиеся во время исполнения музыки для извлечения музыкальных звуков и воспроизведения ритмических шумов. Каждый музыкальный инструмент обладает определенным диапазоном, особым тембром (окраской, характером) звучания и специфическими динамическими возможностями.

Музыкант — специалист в области музыкального искусства или музыкознания, профессионально владеющий какой-либо его отраслью: инструменталист, певец, композитор, дирижер, музыкальный критик, историк музыки и т. п.; человек, владеющий каким-либо музыкальным инструментом.

Нота (лат. — «письменный знак») — обозначение музыкального звука в виде черного или полого овала. Длительность ноты менее четвертной указывается флажками или ребрами, присоединяемыми к штилям.

Нотация (лат. — «записывание») — обозначение музыки в письменной форме. Первоначально для записи музыки использовались универсально-графические знаки вербального характера, затем буквы и слоги. Позднее появились невмы. В России так называемые крюки уже стали обозначать основные длительности, звуковысотность фиксировалась с помощью степенных помет и признаков. В XX веке для оркестровых и ансамблевых произведений, помимо нот, стали использоваться специфические формы записи.

Нотный стан (нотоносец) — 5 параллельных горизонтальных линий, на, над, под и между которыми пишутся нотные знаки.

Обертон (нем. ед. ч. Oberton, букв. — «высокий тон, высокий звук») — призвуки, составляющий спектр музыкального звука; звучит выше основного тона. Образуются обертоны благодаря колебаниям частей вибратора (струны, воздушного столба, пластинок различной формы и т. д.). Количество и распределение призвуков по высоте зависят от формы вибратора, условий его колебаний, физических свойств и других факторов. Вследствие колебаний струны или столба появляется так называемый натуральный или гармонический ряд призвуков, который вместе с основным тоном образует натуральный звукоряд. Отношения частот в этом ряду составляют натуральный ряд чисел — 1 : 2 : 3 : 4 : 5 и т. д. Во всех остальных случаях возникают более сложные — негармонические ряды призвуков. Гармонические обертоны (называемые гармониками) практически невозможно уловить слухом, так как они сливаются с основным тоном. Вместе с тем обертоны — один из важнейших темброобразующих факторов. Используя разнообразные приемы звукоизвлечения, музыкант может усилить или ослабить те или иные обертоны и тем самым изменить окраску звука, добившись особой неповторимости звучания.

Обращение аккорда — видоизменение аккорда путем перестановки его звуков, при котором нижним звуком становится один из любых звуков аккорда, за исключением основного тона. Примеры: 1-е обращение трезвучия — секстаккорд (средний тон внизу); 2-е обращение трезвучия — квартсекстаккорд (верхний тон внизу).

Обращение интервала — такое видоизменение интервала, при котором верхний звук (вершина) перемещается на октаву вниз, становясь основанием, а нижний — на октаву вверх.

Октоль (лат. octo — «восемь») — особая ритмическая фигура, состоящая из 8 нот и равная по времени звучания 6 нотам той же длительности. По существу октоль представляет собой квартоль, в которой каждая нота «делится» на 2 равные части. В нотном письме октокль обозначается цифрой 8.

Основной звукоряд — последовательность основных ступеней диатонической звуковой шкалы в пределах одной октавы (до, ре, ми, фа, соль, ля, си), соответствующая последовательности белых клавишей на рояле.

Основной тон — нижний звук аккорда (главный тон, или прима), который при обращении аккорда он оказывается в середине или вверху; первый (нижний) частичный тон звука (первая гармоника, см. частичные тоны); первая ступень лада (тоника); главенствующий звук в данной совокупности звуков (интервале, мелодическом обороте, аккорде, ладе); первый по порядку тон натурального звукоряда.

Полутон — гибкий, интонационно выразительный музыкальный интервал, охватывающий

$^{1}/_{12}$ часть октавы. Полутон является составной частью хроматического звукоряда. Во время исполнения вокального или музыкального произведения данный интервал может широко варьироваться по величине.

Портато (от итал. portare — «нести, выражать, утверждать») — способ исполнения музыкальных звуков. Он представляет собой что то среднее между staccato и legato. В нотном письме портато обозначается горизонтальными черточками и лигой, которые располагаются либо над, либо под нотами, и указывают на то, что они должны исполняться подчеркнуто, отдельно, с небольшими паузами.

Предложение — наименьший отрезок мелодии (4–8 тактов), составная часть периода. Обычно состоит из 2 фраз.

Престиссимо — превосходная степень от presto, музыкальный темп при котором композиция исполняется очень быстро.

Престо (от итал. presto — «быстро») — один из основных видов темпа. Присутствие этого термина в нотации музыкального произведения означает, что оно должно исполняться быстро.

Раллентандо (итал. rallentando — «замедляя») — играть, постепенно замедляя темп.

Ритенуто (итал. ritenuto — «задержанный») — постепенное замедление темпа.

Ритм (от греч.) — смена звуков, составляющих музыкальное произведение и отличающихся друг от друга длительностью.

Стаккато (итал. staccato, от staccare — «отрывать», «отделять») — игра на музыкальном инструменте, при которой извлекаемые звуки коротки и отрывисты.

Оглавление

Практическое издание

Шиндина Наталья Геннадьевна

ПРОСТОЙ СОВРЕМЕННЫЙ САМОУЧИТЕЛЬ ИГРЫ НА ШЕСТИСТРУННОЙ ГИТАРЕ

Генеральный директор издательства *С. М. Макаренков*

Редактор *О. Рогов*
Художественное оформление: *Е. Амитон*
Художник *Е. Романенко*
Компьютерная верстка: *А. Носков*
Технический редактор *Е. Крылова*
Корректор *Л. Марштупа*

Подготовлено при участии ЛА «Софит-Принт»

Подписано в печать 24.12.2008 г.
Формат 84×108/32. Печ. л. 8,0. Тираж 7000 экз.
Заказ № 8642

ООО Группа Компаний «РИПОЛ классик»
109147, г. Москва, ул. Большая Андроньевская, д. 23

Адрес электронной почты: info@ripol.ru
Сайт в Интернете: www.ripol.ru

Отпечатано с готовых файлов заказчика в ОАО «ИПК «Ульяновский Дом печати». 432980, г. Ульяновск, ул. Гончарова, 14